伝統料理から学び提案する、
イタリア現代料理の新提案。

イタリア現代料理の構築

一般社団法人 日本イタリア料理協会 著

旭屋出版

Introduzione

　一般社団法人 日本イタリア料理協会は、2018年に30周年を迎えました。それを記念して、記念誌を出したり記念行事を行ったりと、時代の区切りとなる催しを執り行いました。そうした行事を行うたびごとに、協会を設立・牽引してただいた、歴代会長をはじめとする歴代執行部のかたがたのご努力に、感謝の念を禁じえません。

　日本の都市において、イタリア三色旗を見ないところは無いほど、イタリア料理は全国各地に広まりました。しかしイタリア料理は、日本に紹介されて、まだ半世紀に満たないほどの新しい料理なのです。
　1970年代に入り、徐々にイタリア料理が紹介されるようになりましたが、それでもイタリア料理といえば、一般には「ナポリタンとピザ（ピッツァではなく）」という認識の人がほとんどでした。情報誌では、「『アルデンテ』が本場イタリアのパスタのキーワード！」などといった記事が紹介される、まだ、そうしたレベルの時代でした。
　当時の日本には、イタリア料理の情報はほとんどありません。しかしイタリア料理の魅力にひかれ、その料理を学びたいと居ても立ってもいられず、直接現地に飛び込んで行くほどの関心を持つシェフが出始めた時代でもありました。かく言う私もそうした中の一人でした。
　食材も、基本的なものさえ手に入れるのが難しい時代でした。現在では当たり前のようにあるバルサミコ酢やオリーブオイルも満足に使えませんでした。パスタの茹で汁用の塩として、イタリアに行った折にサーレ・グロッソ（大粒の塩）をスーツケースに入れて運んだ、というシェフもいました。
　こうした話は、今の若手シェフには想像できないと思います。当時と、イタリア料理店が地方都市にもある現在の日本とでは、まさに天と地ほどの格差がありました。

　その後、80年代のバブル期にイタリア料理ブームで一気に市民権を得ることになりましたが、同時に新たな局面を迎えることになりました。イタリア料理の"日本料理化"です。
　間違った知識をもとにアレンジが加えられたり、和の調味料を使ったりして、本来の料理とは全く別物になってしまったものが出回ることになりました。しかしそうした中でも、現地で技術と知識をしっかりと学んだシェフたちは、イタリア料理の魅力を大切に、今日まで発信し続けています。
　現在、イタリア料理の情報は、現地に行って直接見て聞いて知るだけでなく、インターネットを通じて海外情報が居ながらにして入手できる時代に

なりました。

　イタリア料理の情報が少ない時代は、「何が正統か」を追求し、表現することこそが重要だったのに対して、今ではさまざまな情報が得られ、シェフ独自の料理を発信して行ける時代となりました。しかし何でもできるとなると、かえって行き過ぎが起きたり野放図なアレンジが起きたりで、結果としてシェフの誰もが最初に感じた、イタリア料理本来の魅力が次第に失われてしまいます。「何の料理だかわからない」という内容になってしまいます。

　イタリア料理の定着が進む今、どのような料理を発信していくのかは、重要なテーマです。そこで大切にしたいのが、次のような視点です。

　イタリア料理は、イタリアの人々が数千年をかけて築いた文化です。その「文化を謙虚に学ぶ姿勢」が重要で、それを前提とした上で、それぞれのシェフの感性を活かして「大胆に発信」することが求められるようになると私は思っています。そこには、あらためてイタリアの歴史の中で生き残ってきた伝統料理の魅力に思いを馳せることも、必要なことだと思っています。

　協会としても、「ACCI Gusto」というイタリアの食文化を学べる機会を催しとして行うことにしてます。こうした機会も積極的に利用していただきたいと思います。

　以上のような理解から、日本イタリア料理協会設立30年を契機に、イタリア料理の新しい時代を作っていくための料理書を発刊しました。

　協会とともにイタリア料理も"新たな時代の一歩"を踏み出す好機を迎えています。本書では、これからの時代を担う会員の若手シェフを中心に、イタリア文化を含めて伝統料理を謙虚に学びながらも、それをもとに新しい方向性を大胆に探っていくという手法で、新たな現代イタリア料理を提案していただきました。

　本書には、伝統料理の魅力とは何かを考える上で、またシェフ独自の考えを参考にする上で、さまざまなヒントが集められています。本書を参考に、イタリア料理の魅力をさらに発展させて行って下さい。

一般社団法人 日本イタリア料理協会会長
『ラ・ベットラ・ダ・オチアイ』オーナーシェフ　落合　務

一般社団法人 日本イタリア料理協会の歩み

　一般社団法人 日本イタリア料理協会が発足したのは、1988年4月。発起人は、吉川敏明氏（初代会長）、室井克義氏、片岡 護氏、落合 務氏、佐竹 弘氏、平田 勝氏、久保脇敏弘氏の各シェフと、サービスの松村 誠氏の計8名だった。

　協会発足のきっかけは、日本に来たイタリア人シェフから、「日本にはイタリア料理の窓口はないのか」と尋ねられたことだったという。そこでイタリアで修業後に帰国して店を開き、活躍を始めていたシェフたち同士が声を掛け合い、これから日本に必要となるイタリア料理の受け皿として、協会発足の準備を始めたのだった。

　協会の目的は、イタリア料理に関わる正確な情報の伝達、料理人の技術的・人的な研鑽の機会づくりなど。

　発足にあたっては当時のICE（イタリア貿易振興会＝現・イタリア大使館貿易促進部）にも協会の趣旨を説明に行き、賛同を得る。ICE内に協会事務所を置かせてもらい、以後、その施設を料理講習会や総会の場としても利用させてもらうなど、全面的なバックアップを受けることになる。

　協会は、スタート直後からさまざまな催しを行なっていく。90年にはデパートのイタリアフェアに協力（5月）。11月のミラノ・エキスポにも参加。12月にはICEでの料理講習会を実施する。

　講習会に関しては、東京のICEだけでなく、新潟や富山、札幌、京都、名古屋、福岡と各地で実施。あわせて、海外からも講師を呼ぶなど、多彩な講師による知識と技術の研鑽の場が設けられる。

　会長は、その後、室橋 章氏（95年）、高木茂夫氏（2000年）が務め、発足10年を超えても料理講習会は盛んに行われ、さらに各デパートのイタリア展へも協力するなど、活発な活動を行なっていく。

　2007年に佐竹 弘氏が会長に就任後、発足20年を迎えた2009年から落合 務氏が会長に就任。

　2010年に入り、4月には会報誌『ACCI通信』を創刊。さらに12月には「イタリア料理の日」記念日（毎年9月17日）の登録を行うなど、協会内に加え一般消費者への情報発信も活発化させていく。

　2011年には東日本大震災にあたり、シェフたちからボランティアを募り、関係地への炊き出しを実施。あわせて都内の店では「東日本大震災チャリティランチ」も行なった。災害時のボランティアは、その後2016年の熊本地震に際しても行ない、地域貢献も行なっている。

　2012年3月には、初のイタリア料理専門展示会「ACCI Gusto」を、東京・港区で行う。出展者は77社、来場者は2日間で2784名と大盛況。以後、2015年には会場を浅草にあるより広い施設に変えて行い、来場者は毎回4000人以上にも及んでいる。

　この「ACCI Gusto」に対する関心は高く、東京まで足をのばしにくい地域のシェフからは、別地域での開場を望む声も多かった。そこで2015年には、富山県と共催の複合イベントで展示会「ACCI in 富山」を開催。さらに2018年には、京都で「ACCI Gusto京都」も行うようになった。

　この間も協会の講習会は各地で行われており、「関西イタリア料理講習会（第1回2013年、第2回2015年）、「岡山イタリア料理講習会」（2016年）、「広島イタリアンナイト」（2018年）が行われた。

　30年を経た今日、シェフ会員・通常会員は合わせて300名弱、賛助会員は100社以上と拡大。しかも加盟シェフは、全国各地に広がりを見せている。2017年には東海支部が発足。それ以前から、各地域地域でシェフたちが集まり独自の活動も行われているが、協会発足30周年を機にそれらが融合し、全国各地でイタリア料理店が活発な活動を始めている。

（一社）日本イタリア料理協会
ASSOCIAZIONE CUOCHI CUCINA ITALIANA

一般社団法人 日本イタリア料理協会は、
イタリア料理に携わるものとして専門的知識を高めつつ、
プロフェッショナルとして
知識と行動をそれぞれの立場から率先・垂範するとともに
社会的責任感を遵守し、料理の普及に努めることを目的とする。

設立	1988年4月1日
事務局	東京都渋谷区渋谷2-4-7 YK青山ビル2階 株式会社メディアフレックス内 TEL.03-6427-6883 FAX.03-3407-4991
URL	http://www.a-c-c-i.com
会員数	シェフ会員 …247名 名誉会員 ………3名 通常会員 ……30名 賛助会員 ……106社 ＊2018年3月28日現在

協会役員		
会長	落合 務	(ラ・ベットラ・ダ・オチアイ)
副会長	齊藤 実	(和歌山マリーナシティホテル)
	濱﨑龍一	(リストランテ濱﨑)
	原 宏治	(リストランテ・アル・ポンテ)
実行委員長	鈴木弥平	(ピアットスズキ)
実行委員	岡村光晃	(トラットリア・ケ・パッキア)
	小川洋行	(リストランテ・オガワ)
	後藤祐司	(メログラーノ)
	小西達也	(オマッジオ・ダ・コニシ)
	佐藤真一	(クリマ・ディ・トスカーナ)
	筒井力丸	(ラ・コッポラ)
	直井一寛	(アクアパッツァ)
	仁保州博	(ヴィノ・ヒラタ)
	町田武十	(クチーナ・ヒラタ)
	新妻直也	(トラットリア・アズーリ)
事務局長	岩崎賢太	㈱メディアフレックス
東海支部支部長	水口秀介	(セッタンタ)

※入会のご案内
https://www.a-c-c-i.com/admission.html
上記アドレスの会員資格・会費をご確認の上、「お問い合わせフォームへ」に入り、必要事項を記入して送信ください。

主な活動

イタリア料理の普及・発展、イタリア文化の紹介、調理技術・知識向上を目的に、イタリア料理のシェフを中心に以下の活動を行なっています。

料理講習会の開催
- イタリア料理のプロによる、プロのための調理技術講習会。
- 一般消費者向けの家庭でできるイタリア料理教室。 など

各種イベントの開催・協賛
- イタリアの食に関する各種イベントの開催、および協賛をします。

勉強会・見学会の開催
- 会員の調理技術・知識向上のための勉強会や、工場・農畜産物生産地の見学会を開催します。

チャリティ・ボランティア活動
- 福祉施設や学校などへイタリア料理を通じた各種チャリティ・ボランティア活動を行ないます。

メニュー開発・製品開発
- 各種メニュー開発や製品開発のお手伝いをいたします。

その他、イタリアの食に関連するさまざまな活動を行なってまいります。

ご登場いただいたシェフたち (五十音順)

秋田和則 『Casita』取締役 総料理長

東京都渋谷区神宮前5-51-8 ラ・ポルト青山3階
☎03-5485-7353
http://www.casita.jp/
🕒12:00〜15:00(L.O.14:30)、17:00〜23:00(L.O.21:30)
休 無休

岡村光晃 『TORATTORIA CHE PACCHIA』料理長

東京都港区麻布十番2-5-1 マニヴィアビル4階
☎03-6438-1185
🕒18:00〜翌1:00
休 日

石川重幸 『Cucina Shige』オーナーシェフ

東京都江東区大島2-41-16 ポパイビル
☎03-3681-9495
http://www.cucinashige.com
🕒11:30〜14:00、18:00〜24:00(L.O.22:00)
休 月

小川洋行 『Ristorante Ogawa』オーナーシェフ

埼玉県さいたま市大宮区東町2-288-1 鈴木ビル1階
☎048-783-3324
http://www.ristorante-ogawa.com/
🕒11:30〜15:00(L.O.14:00)、18:00〜24:00(L.O.22:00)
休 日、不定休

石崎幸雄 『Cucina Italiana Atelier Gastronomico DA ISHIZAKI』オーナーシェフ

東京都文京区千駄木2-33-9
☎03-5834-2833
http://www.daishizaki.com
🕒11:30〜14:00(L.O.13:30)、18:00〜23:00(L.O.21:30)
休 月(祝日の場合は翌日に振り替え)

柿田将宏 『La Bilancia』シェフ

大阪府大阪市北区茶屋町10-12 NU茶屋町8階
☎06-6371-3388
http://www.bilancia.co.jp/
🕒11:00〜15:00(L.O.14:30)、17:00〜23:00(L.O.22:00)
休 不定休(ビル休館日に準じる)

今井 寿 『Taverna I』オーナーシェフ

東京都文京区関口3-18-4
☎03-6912-0780
http://www.taverna-i.com/
🕒11:30〜14:00L.O.、17:30〜21:30L.O.(土、日、祝は12:00〜21:30L.O.)
休 火(祝日の場合は翌日に振り替え)

梯 哲哉(かけはし) 『Otto e Sette Oita』オーナーシェフ

大分県別府市井田2組
☎0977-66-4411
http://www.ottoesette.com
🕒11:30〜14:00L.O.、18:00〜21:00L.O.
休 火、不定休

木村忠敬 『RISTORANTE ALVERO』オーナーシェフ

広島県広島市中区東白島町9-10 セレニティ東白島1階
☎082-511-3100
http://alvero.ciao.jp/
🕐18:00～24:00（フードL.O.22:00）
休月（祝日の場合は翌日に振り替え）

田中祐介 『toscaneria』オーナーシェフ

東京都渋谷区恵比寿南1-17-6 コートモデリアサウス恵比寿101
☎03-6452-2960
http://toscaneria.jp
🕐12:00～14:00L.O.、18:00～22:00L.O.
休水、木のランチ

小林清一 『Trattoria I Bologna』シェフ

和歌山県和歌山市十番丁19 Wajima十番丁ビル5階
☎073-422-8228
http://www.trattoriaibologna.jp/
🕐12:00～15:00(L.O.14:00)、18:00～22:00(L.O.20:00)
休火、第1・3月

寺田真紀夫 『kashirajima restaurant cucina terada』オーナーシェフ

岡山県備前市日生町日生2766-3
☎0869-92-4257
http://www.okayamaterada.com
🕐12:00～、17:00～
休不定休（HP要確認）

小林寛史 『Ristorante p.e c.』シェフ

奈良県奈良市押熊町2202-6
☎0742-51-1256
http://www.p-e-c.jp/
🕐11:30～14:00L.O.、17:30～20:30L.O.
休月（祝日は営業）

富永茂樹 『RISTORANTE ITALIANO il Sorriso』オーナーシェフ

佐賀県佐賀市中央本町2-22 222ビル3階
☎0952-23-7790
http://www.ilsorriso-saga.com
🕐11:30～14:00、18:00～22:00
休月、火

杉岡憲敏 『PRESENTE Sugi』オーナーシェフ

千葉県佐倉市白銀2-3-6
☎043-371-1069
🕐11:30～15:00、17:30～22:30
休月

友國稔行 『京王プラザホテル2階／フレンチ&イタリアン「デュオ・フルシェット」』料理長

東京都新宿区西新宿2-2-1 京王プラザホテル南館2階 ☎03-3344-0111（代表）
http://www.keioplaza.co.jp
🕐11:30～15:30(L.O.15:00。土、日、祝は16:00まで)、17:30～22:30(L.O.22:00、コースL.O.21:00) 休無休

仲本章宏 『ristorante NAKAMOTO』シェフ

京都府木津川市木津南垣外122-1
☎0774-26-5504
https://www.ristorantenakamoto.jp/
🕐11:30～15:00(L.O.13:00)、18:00～23:00(L.O.20:00)
休水を含む月6回

馬場 剛 『Taverna del Sole』オーナーシェフ

埼玉県川越市久保町8-9
☎049-299-7772
🕐11:30～14:00L.O.、18:00～21:30L.O.
休不定休

並木一茂 『RISTORANTE Casa Alberata』オーナーシェフ

千葉県香取市佐原イ1727
☎0478-79-9422
http://www.casaalberata.com/
🕐11:30～15:00(L.O.14:00)、18:00～22:00(L.O.20:00)
休月、火不定休(祝日の場合は営業)

飛矢和行 『CUCINA ITALIANA La Barca』オーナーシェフ

愛知県名古屋市中区丸の内3-20-3 BPRプレイスク久屋大通1階
☎052-963-8270
🕐土・日のみ12:00～15:00(L.O.14:00)、18:00～翌1:00(L.O.24:00)
休月

西沢昭信 『RISTORANTE divo-diva』取締役

京都府京都市中京区蛸薬師通高倉東入ル雁金町361
☎075-256-1326
https://www.divo-diva.jp/
🕐11:30～14:00、18:00～21:30
休水

藤田 博 『Cucina Jita』代表

神奈川県平塚市真田3-23-1 ハウスオブエストローゼ101
☎0463-75-8499
🕐11:30～14:00、18:00～22:00(ディナーは予約制)
休月

林 祐司 『Trattoria Cucina Casalinga Tanta Roba』シェフ

東京都文京区小石川4-18-7
☎03-3815-1122
http://www.tantaroba.jp/
🕐11:30～15:00(L.O.14:00。土・日・祝は15:30まで、L.O.14:30)、18:00～23:00(L.O.21:00) 休水

渕上兼督 『DA FUCHIGAMI HAKATA』オーナーシェフ・代表

福岡県福岡市博多区上川端町3-15
☎092-983-6278
http://www.dafuchigami.com/
🕐18:00～24:00(食事は22:00入店まで)
休日(連休の場合は最終日)

宮川健一 『a』取締役総料理長 兼 支配人

2019年12月31日をもって閉店。

山崎大輔 『Antichi Sapori』料理長

東京都港区南麻布5-2-40 日興パレス1階
☎ 03-6277-2073
🌐 https://antichisapori.gorp.jp/
🕐 11:30～15:30(L.O.14:30)、18:00～23:00(L.O.22:00)
休 無休

宮本健真 『Ristorante Miyamoto』オーナーシェフ

熊本県熊本市中央区辛島町6-15 クマモトイタリー亭ビル1階 ☎ 096-356-5070
🌐 http://forzakenken0609.wix.com/ristorantemiyamoto
🕐 11:30～14:00(金、土のみ)、18:00～24:00(21:00～24:00はBar Time) 休 日

芳片 聡 『薫風 湘南』料理長

神奈川県藤沢市鵠沼石上1-4-6 甚伍朗ビル2階
☎ 0466-47-9488
🌐 http://www.kunpoo-shonan.jp
🕐 17:00～24:00
休 月

村山雅彦 『TRATTORIA ARCI-GOLA』オーナーシェフ

新潟県柏崎市茨目3-1-48
☎ 0257-24-4402
🕐 11:30～14:30(L.O.14:00)、17:30～21:30(L.O.21:00)
休 火、第3水

吉山武臣 『Vineria e Trattoria Perché No!?』代表

福岡県福岡市中央区警固2-17-10 スパジオけやき通りビル1階
☎ 092-725-3579
🌐 http://www.perche-no.com
🕐 12:00～14:00L.O.、18:00～21:00L.O.
休 月、火のランチ

矢口喜章 『CIELO E MARE』総料理長

東京都墨田区亀沢3-22-1 YKK60ビル1階
☎ 03-5610-8370
🌐 https://www.ykk.co.jp/japanese/corporate/b_company/cafepizza.html
🕐 11:30～15:00(L.O.14:00)、17:30～21:00(L.O.20:00) 休 日、月

和田康則 『il filo』オーナーシェフ

京都府京都市中京区木屋町通御池下ル上大阪町519-1番
☎ 075-221-2788
🕐 12:00～14:00入店、18:00～22:00入店
休 水、木のランチ

イタリア現代料理の構築
目次 *indice*

- 2　Introduzione　落合　務
  　一般社団法人 日本イタリア料理協会会長／『ラ・ベットラ・ダ・オチアイ』オーナーシェフ
- 4　一般社団法人 日本イタリア料理協会の歩み
- 6　ご登場いただいたシェフたち
- 14　本書の料理について

17　北部イタリアの伝統料理&現代料理

Valle d'Aosta ヴァッレダオスタ

- 18　フォンドゥータ
- 20　ブルスケッタ モンブランに想いを馳せて
- 22　アオスタ渓谷風コストレッタ
- 24　生ハムとパルミジャーノを詰めたコストレッタ

Piemonte ピエモンテ

- 26　マレンゴ風アニョロッティ
- 28　鹿・猪を詰めた紀州備長炭のアニョロッティ
- 30　ボッリート・ミスト
- 32　和歌山の食文化とピエモンテの風景を融合させたボッリート・ミスト
- 34　ピエモンテ風じゃが芋のニョッキ
- 36　ニョッキと温野菜のサラダ
- 38　生肉のサラダ
- 40　マグロのサラダ

Liguria リグーリア

- 42　ファリナータ
- 43　ファリナータ 銚子港から
- 44　サンレモ風チーマ
- 46　チーマ・アッラ・千葉ネーゼ
- 48　緑のピカッジェ
- 50　春菊のピカッジェと春菊パウダー

- 52　カッポン・マーグロ
- 54　大葉風味のカッポン・マーグロ

Lombardia ロンバルディア

- 56　ピッツォッケリ
- 58　ピッツォッケリ 丹波の香り
- 60　ミラノ風オッソブーコ
- 62　淡路島風オッソブーコ
- 64　カソンセイ
- 66　熊本天然アユと天然アワビのカソンセイ スプマンテとオシェトラキャヴィアのソース
- 68　ヴィテッロ・トンナート
- 70　佐賀産猪のロースの軽い燻製ハム 長崎産マグロの赤身のタルタル添え

Veneto ヴェネト

- 72　リーズィ・エ・ビーズィ
- 73　リーズィ・エ・ビーズィ「えんどう豆とパンチェッタのリゾット ヴェネツィアの春」
- 74　豚肉の牛乳煮
- 76　東京ブランド豚"トウキョウX"の牛乳煮込み
- 78　ビーゴリの鴨ソース和え
- 80　ビーゴリ 鴨モモ肉のコンフィ添え
- 82　ヴェネツィア風バッカラ・マンテカート
- 83　タラのクリーム風スープ仕立て

Trentino-Alto Adige
トレンティーノ-アルト・アディジェ

- 84 トレンティーノ風大麦のミネストローネ
- 85 鴨ムネ肉入り大麦のミネストローネ
- 86 くるみ風味の詰め物をした茹で鶏
- 88 名古屋コーチンのくるみ入りカネーデルリ
- 90 ストランゴラプレーティ
- 92 ドロミテ渓谷の雪解け
  〜クラウティを岸辺の薄い氷に見立てて〜
- 94 トレントティーノ風マス
- 96 早春の緩やかなアディジェ河

Friuli-Venezia Giulia
フリウリ-ヴェネツィア・ジューリア

- 98 トリエステ風オフェッレ
- 100 ニョッキのオープンラヴィオリ
  モンタージオのソース
- 102 トリエステ風クモガニ
- 103 ズワイガニとキャヴィア サラダ仕立て
- 104 チャルソンズ
- 106 ピーナッツのアニョロッティのドルチェ
- 108 フリーコ
- 109 季節のフルーツのフリッタータ
  （湘南のスペチャリタ）

Emilia-Romagna
エミリア-ロマーニャ

- 110 ピアチェンツァ風お米のボンバ
- 112 鳩肉を詰めたお米のオーブン焼き
- 114 豚ロースの蒸し煮
- 115 豚ロースの香草ワイン蒸し
- 116 鳩とマッケローニのパスティッチョ
- 118 鳩とマッケローニのパスティッチョの再構築
- 120 レッジョ風ブセッカ
- 122 Sugiスタイルのブセッカ

125 中部イタリアの伝統料理＆現代料理

Toscana
トスカーナ

- 126 トマトのパッパ
- 127 朱々トマトの冷たいパッパ
  明石のタコとリンゴのマリネ添え
- 128 野ウサギの甘酢風味
- 130 秋田産ウサギの自家製サルシッチャ
  赤玉ねぎの甘酢風味と
  ドルチェフォルテソース
- 132 野ウサギのパッパルデッレ
- 134 仔ウサギのラグーを詰めたラヴィオリと
  そのコンポジション
- 136 フィレンツェ風豚肉のアリスタ
- 138 豚ロースのアッロスト トスカーナの香り

Umbria
ウンブリア

- 140 スペルト小麦のミネストラ
- 141 佐賀県産十三穀米と野菜のミネストラ
- 142 ペルージャ風 鳩の煮込み
- 144 鳩のロースト 肝のソース
  玉ねぎのワインビネガー煮込み添え
- 146 ストリンゴッツィもしくはチェリオーレ
- 148 豊かさと素朴（ricco e povero）
- 150 ペルージャ風ポルケッタ
- 152 ポルケッタ「理想のコラツィオーネ（朝食）」

Marche マルケ

- 154 ヴィンチス・グラッスィ
- 156 七色のカネロニ仕立て 白トリュフがけ
- 158 チャリンボリ
- 159 チャリンボリのインサラータ
- 160 肉のパッサテッリ
- 161 ウチワエビのパッサテッリ
- 162 アンコーナ風ブロデット
- 164 湘南ブロデット

Lazio ラッツィオ

- 166 ヴィテルボ風ミネストラ
- 167 農園風ミネストラ
- 168 大エビのテラコッタ鍋煮
- 170 大エビの白ワイン蒸し チーズのニョッキ添え
- 172 レンズ豆のズッパ
- 173 レンズ豆のティンバッロ・フレッド
- 174 ローマ風仔羊の煮込み
- 176 骨付き仔羊の網焼き ブルサンチーズと バイオレットマスタードを添えて

179 南部イタリアの伝統料理＆現代料理

Abruzzo アブルッツォ

- 180 豚足と皮入りパスタ・エ・ファジョーリ
- 182 パッケリ コテキーノ仕立て
- 184 仔羊のブロデッタート
- 186 仔羊のロースト 復活祭風
- 188 キタッラ風マッケローニ
- 189 キタッラのマッケローニ 京野菜風味
- 190 豚足のゼラチン固め
- 192 豚足のゼラチン固め 京野菜のグリル添え

Molise モリーゼ

- 194 カヴァティエッレ 豚肉のラグー
- 196 ヤリイカとペスト・ジェノベーゼの カヴァティエッレ すだちの泡添え
- 198 仔羊のチーズ卵風味
- 200 仔羊肉のロースト 野菜の芹ソース 温度玉子添え

Campania カンパーニア

- 202 詰め物クレスペッレ
- 204 名古屋コーチンとナポリの クレスペッレの詰め物 ラ・バルカスタイル
- 206 カタクチイワシのスカペーチェ
- 208 愛知豊浜漁港で水揚げされた カタクチイワシのスカペーチェと 地元栽培の新鮮野菜とのコラボレーション
- 210 お米のサルトゥー
- 212 パプリカに詰めたお米のサルトゥー
- 214 ナポリ風ビステッキーネ
- 216 足柄牛を使ったビステッキーネ

Puglia プーリア

- 218 オレッキエッテ
- 220 焦がし小麦のオレッキエッテ ズッキーニの 葉とリコッタ・ドゥーラ・アル・フォルノ
- 222 バリ風馬肉のブラチョーレ

224	プーリア産チーズを詰め込んだ 馬肉のインヴォルティーニ サンマルツァーノトマトのクレーマ添え
226	お米とムール貝のティエッラ
228	瀬戸内海産ムール貝 ティエッラをイメージした リゾット仕立て
230	ターラント風 カキのオーブン焼き
231	瀬戸内海産カキ やわらかい火入れと 香ばしさ

Basilicata バジリカータ

232	ラーガネ・エ・チェーチ
234	ひよこ豆と緑のラーガネ
236	羊の《ピニャータ》
237	北広島の食材とソプレッサータの鍋
238	ミヌイック
239	山羊の戯れ 〜草のかほり、温かな日差し〜
240	クットゥリッディ
242	緑の大地 〜火山の鼓動〜

Calabria カラブリア

244	ブロード・ピエノ たっぷりのブロード (復活祭の日のミネストラ)
245	カラブリアの春（ブロード・ピエノ）
246	モルセッドゥ（肉のトルタ）
248	モルセッドゥ カラブリアの海の香り

Sicilia シチリア

250	パレルモ風米となす
252	なすとリゾットのパスティッチョ
254	新鮮なマグロのブラチョーレ
256	マグロのブラチョーレ 現代の解釈
268	パン粉のパスタ
260	パスタ・カ・ムッディーカ「Yes」
262	ファルソマーグロ
264	ファルソマーグロ「びっ栗」

Sardegna サルデーニャ

266	クリンジョーニズまたはクルルゾーネズ (野菜のラヴィオリ)
268	赤いクリンジョーニズ
270	ブッリーダ
272	サメ肉の稲藁瞬間スモーク リモンチェッロとブロードのジュレ セロリとじゃが芋のムース マジョラムの薫り
274	フレーグラ
276	笹の葉で包んだムール貝のフレーグラ
278	インパナーダスまたはパナーダ
280	パイで包んだ仔羊 フォアグラ トリュフの インパナーダス仕立て カンノナウとミルトのソース
288	奥付

【本書をお読みになる前に】

・本書では、イタリア20州の料理を州ごとに紹介しています。
・各州の料理は、「TRADIZIONALE」のページでは伝統料理（プリモピアット、セコンドピアット）を紹介し、そのイタリア語名も入れました。
・伝統的なリチェッタは、アンナ・ゴゼッティ・デッラサルダ著『イタリア郷土料理集』から翻訳し、細かな分量についてはシェフの意見も含まれています。「TRADIZIONALE」のページでは伝統的なリチェッタにもとづき、日本では入手できない素材や現代では使用できない調理法以外は、極力レシピに忠実に作っています。
・「TRADIZIONALE」のページに対して「INTERPRETAZIONE」のページを設け、伝統料理をもとにシェフが現代的に解釈して再構築した料理を掲載しています。
・材料に関しては、E.X.V.オリーブオイルは、エクストラヴァージンオリーブオイルの略。バターは食塩不使用のものを使用。卵は、生のものは「卵」、火の入ったものは「玉子」と表記しました。

撮影：後藤弘行（本誌）、佐々木雅久、川井裕一郎、スタジオ・コム（廣田修宏）、徳山喜行、柳田隆司、難波純子、東谷幸一、ピー・アンド・ピー（間宮 博）、丸谷達也、半夏舎（和田 博）

本書の料理について

　ここ数年、日本のリストランテで食事をしたイタリア人が異口同音で発するのが「日本のイタリア料理のレベルは素晴らしい。ことによったらイタリアより上かもしれない」という言葉。大変にありがたく、先人たちの苦労のたまものだと思います。

　一般社団法人 日本イタリア料理協会が発足して30年。当時はイタリアで修業した数少ない料理人たちの集まりでしたが、そのころから会員の中にはイタリア料理を調理法としてだけではなく、文化であるという考え方がありました。

　イタリア料理とは、フランス料理の基となったクチーナ・リッカ（貴族料理）と並走して育ってきたクチーナ・ポーヴェラ（庶民料理）、つまり郷土料理を指します。古代ローマ帝国時代、すでにラザーニャやプリンを作っていたクチーナ・リッカは、ルネサンス期に大輪の花を咲かせ、やがてフランス料理を介してインターナショナル料理となっていきます。

　一方、郷土料理は土地に根ざし、風土から生まれた食材を使って料理が作られていきます。山岳地帯、丘陵地帯、平野、湖水地方、海岸線と島、そして南北に長いというイタリアの多様な地形からは、各地に個性的な食材が生まれ、そしてそれらを使った料理が生まれました。例えばミラノ・フィレンツェ・ローマ・ナポリをツアーで周った時に、「まるで、いくつかの国に行ったようだ」と、各地の料理の違いを実感された方もいるのではないでしょうか。まさに、イタリア料理の特徴は、その多様性にあります。それは複雑さにも通じ、イタリア料理を理解するためには一筋縄ではいかない所があります。そのため、向学心の強い料理人たちは日本のイタリア料理の黎明期にアメリカ経由で入って来たスパゲッティやピッツァを入門編として、イタリアの懐に直接飛び込み、生活と共にあるイタリア郷土料理を学ぶようになっていきます。

　前述のイタリア人の賛辞は、日本のイタリア料理がただ現地と同じものを作るという表面的なものではないことに向けられているのではないでしょうか。

　本書では、落合会長の「日本人として『謙虚に学ぶ』姿勢を根本におき、プロフェッショナルとして『大胆に発信していく』」という考え方を基に、各会員が郷土料理を忠実に作り（日本で手に入らない食材も多々ありましたが、会員間の連携で入手したり、中にはイタリアに行って調達してきたシェフもいました）、次にそれを発展させたものを載せました。ページごとに書いてあるTradizione（伝統）は基本の料理を指し、一方の解釈・考え方・理解・演出を意味するInterpretazioneでは、各シェフが再創造したものです。

　Interpretazioneの条件を3つに絞り次のように決めました。

1 リストランテ料理に再構築 ── 郷土料理は家庭料理なので、飾り付けを重視することはありません。基本的に家庭料理を提供するトラットリアの盛り付けも同じです。ところがクチーナ・リッカの流れをくむ雰囲気全てを楽しむリストランテでは、そのようなわけにいきません。皿を選んだり、調理法を変えたりして盛り付けの華やかさを演出します。この項目では、郷土料理を基本にその素朴な料理をどのように演出していくかに重きを置きます。

2 もし21番目の州だったら ── 野菜ひとつをとっても、日本の野菜はイタリアのものと比べて皮が薄い、アクが無いなどの違いがあります。しかし郷土料理はその土地の食材を使って作るのが宿命です。そこで自分のいる所がイタリアの21番目の州だったらどのように料理するか。地元の食材を使ってどのように作るかというのがテーマです。これには食材だけではなく風土、歴史も関わってきます。料理は料理人の感性・価値観を通して生まれるものなので、例えば祭りを表現しようとしてもカト

本書監修者
イタリア料理研究家　長本 和子

リックの祭りと神道の祭りとは根本的な違いがありますし、そこへの愛着も異なります。そこから生まれた料理に、イタリアの調理技術が基本になっている事は言うまでもありません（日本のイタリア料理の歴史の中には、試行錯誤の時代がかなりあって、情報不足ゆえに安易に日本人向けに料理を変えたり、和食材を使わなければならない時期もありました。現在は輸入会社の努力もあって、かなりのイタリア食材も入ってくるようになり、当時とは違い料理人の知識・技術力も格段に進歩しました）。

3 インスピレーション ── イタリア料理は郷土料理なので、例えば北部ではパルミジャーノを使うところに南部ではペコリーノを使うなど、かなりの制約があります。そこで、そのすべてを取り払って、料理人の感性で作る料理です。郷土料理を見て感じたインスピレーションから構築します。

さて、今回の20州の料理の選択ですが、「地形」「歴史・文化」「国境における異文化との重なり」など、土地の特徴を表すもの第一に選びました。

「地形」イタリアは最北部にアルプス山脈が横たわります。冬の間雪に埋もれるこの地方は、産物も少なく同じ食材が繰り返し使われます。また調理法も、どの家にもある暖炉の熱を利用した「豚肉の牛乳煮」など煮込みが多いのが特徴です。アルプスの渓流や湖水地方の淡水魚料理「トレンティーノ風マス」も土地を表す料理の一つです。平野は農作物の収穫も楽になり、豊かな地域なので料理も手の込んだものや肉類が多くなっていきます。また南になるほどに野菜の種類が豊富になり、当然海岸線には魚介料理が増えていきます。

イタリア料理の花形であるパスタからも地方性が読み取れるので、材料面からアルプス山中のそば粉の「ピッツォッケリ」、パダーノ平野からローマあたりまでの軟質小麦を使った「カソンセイ」「ストリンゴッツィ」、南の硬質小麦を材料とした「カヴァティエッレ」「オレッキエッテ」などを選んであります。その他の穀類も土地に根付いた北部の「トレンティーノ風大麦のミネストローネ」、中部の「スペルト小麦のミネストラ」などの料理を紹介。このような食材的な特徴を表す料理を選択してあります。

「歴史・文化」大都市は食材の消費地であるため、地元の食材で作る料理ばかりがあるわけではありません。大都市には貴族のクチーナ・リッカが花開いていることが多く、その影響がクチーナ・ポーヴェラにも伝わっています。例えば「フィレンツェ風豚肉のアリスタ」のように歴史書に明記された料理やナポリの「お米のサルトゥー」などがそれです。

「国境における異文化との重なり」イタリア半島の北は他の国と接し文化圏が重なるため、東側はドイツ・オーストリア、西側はフランスの影響を受けています。「ストランゴラプレーティ」や「フォンドゥータ」がその例です。南はプーリア州のスペイン占領時代に伝わったと言われる「お米とムール貝のティエッラ」。もっと時代をさかのぼると、ギリシャ人が持ってきたパスタの名前が生きている「ラーガネ・エ・チェーチ」、シチリアをアラブ人が占領していた時に伝わったと言われる「ファルソマーグロ」など。

リチェッタは1967年にイタリア全土を4周して初めて郷土料理をまとめた本、アンナ・ゴゼッティ・デッラサルダ女史の『イタリア郷土料理集』から翻訳しました。

今着実にイタリア料理は日本に根付き、花を咲かせようとしています。その下には本物の食材を探し私たちの手元に届けてくれる輸入業者、そして多くの料理人の努力と試行錯誤とがあります。

日本イタリア料理協会の40周年に向けて、「イタリアへの敬意」を常に胸に刻んで、私たちはまた進んでいきます。

イタリアを食べよう

国産イタリア野菜
全国で栽培増加中

Gusto Italia グストイタリア 10周年 2009~2019
イタリア野菜を育種しています

●育種の結果●
生育が早くなり、日本で栽培できるようになりました。
→ ルーコラセルバーティカ

チーマディラーパ

カーヴォルフィオーレ ロマネスコ

●育種の結果●
青果品質が向上し春も栽培できるようになりました。

カーヴォルフィオーレ ヴェルデディマチェラータ

●育種の結果●
味や香りはフィノッキオ同等スティック状で食べやすくなりました。
→ スティッキオ

カリフローレ® Cauliflore

●育種の結果●
産地リレーで周年収穫できるようになりました。

カリーノケール

●育種の結果●
冬の寒さに負けず早く育つようになりました。

ヴェリエガトルシア

●育種の結果●
抗酸化作用をもつ成分の多い赤い部分が大きく、栽培しやすくなりました。

ラディッキオ

フィノッキオ

レストランプレート提供中
グストイタリア野菜をご提供いただいている飲食店さん対象

国産イタリア野菜の店 Gusto Italia グストイタリア イタリアを食べよう

幅83mm高さ42mm。
厚さ3mmのプレートにダイレクトプリント。

TOKITA 創業1917年 種苗メーカー
トキタ種苗株式会社
本社 〒337-8532 埼玉県さいたま市見沼区中川106
TEL：048-683-3434（代） FAX：048-684-504
http://www.tokitaseed.co.jp E-mail tokita@tokitaseed.co.
拠点：大利根研究農場｜熊本｜中国｜インド｜アメリカ｜イタリア｜チ

北部イタリアの伝統料理&現代料理

Valle d'Aosta
ヴァッレ・ダオスタ

Taverna del Sole
馬場　剛

Piemonte
ピエモンテ

Trattoria **I Bologna**
小林清一

Otto e Sette Oita
梯　哲哉

Liguria
リグーリア

RISTORANTE **Casa Alberata**
並木一茂

il filo
和田康則

Lombardia
ロンバルディア

Trattoria Cucina Casalinga **Tanta Roba**
林　祐司

Vineria e Trattoria **Perché No!?**
吉山武臣

Veneto
ヴェネト

京王プラザホテル2階／フレンチ＆イタリアン
「デュオ・フルシェット」
友國稔行

Cucina Italiana Atelier Gastronomico
DA ISHIZAKI
石崎幸雄

Trentino-Alto Adige
トレンティーノ-アルト・アディジェ

Cucina Shige
石川重幸

Casita
秋田和則

Friuli-Venezia Giulia
フリウリ-ヴェネツィア・ジューリア

TRATTORIA **ARCI-GOLA**
村山雅彦

Cucina Jita
藤田　博

Emilia-Romagna
エミリア-ロマーニャ

La Bilancia
柿田将宏

PRESENTE Sugi
杉岡憲敏

※料理名下の「再構築Tema」とは、右の3つを指します。これらの中から1つまたは複数を各シェフに選んでいただき、それをテーマに伝統料理を現代料理に再構築しています。

1 リストランテ料理に再構築する。
2 地元を21番目のイタリア州と仮定して再構築する。
3 伝統料理にインスピレーションを受けて新料理に再構築する。

TRADIZIONALE
Valle d'Aosta
フォンドゥータ
Fonduta

寒さが厳しいヴァッレ・ダオスタで冬の楽しみとされるのが、暖炉の灯った部屋で食べるフォンドゥータと言われています。フォンドゥータはスイスのチーズ・フォンデュのイタリア版で、ピエモンテなど気候の似た地域でも食べられています。この料理は、必ずヴァッレ・ダオスタが発祥のフォンティーナチーズで作ります。このチーズは、13世紀頃から作られている歴史の長さでも知られます。脂肪分が高めの大型チーズで、ナッティーな香りと甘みが特徴です。牛乳と一緒に温めて溶かし、仕上げに卵黄でクリーミーに仕上げます。ワインは入りません。伝統料理では1人分ずつの容器に入れ、アルバ産トリュフを削りかけます。現地で食べられている、ライ麦と全粒粉のパンを添えました。伝統料理のフォンドゥータは、寒い冬を乗り切るために、濃厚な味わいとなっています。それに対して近年では、小麦粉とバターを合わせ牛乳でのばしたベシャメッラをフォンティーナに加えて軽くしたフォンドゥータが見られると聞いています。

『Taverna del Sole』馬場 剛

材料（4人分）

ヴァッレ・ダオスタ産フォンティーナ … 400 g

牛乳 … 200 g
バター … 20 g
卵黄 … 4 個

アルバ産トリュフ … 1 個
トーストしたパン … 数枚

作り方

1. フォンティーナチーズはⒶ、非常に薄く、または小さな角切りにし、ボールに入れて、少なくとも2時間牛乳に浸しておくⒷ。
2. 容器にバターを溶かし、1のフォンティーナを合わせるⒸ。泡立て器でかき混ぜ続けながら、弱火で（この作業は湯せんならばなお良い）チーズが糸を引くようになるまで続ける。
3. 火を強めてより早くかき回す。一つずつ卵黄を加えるⒹ。次のものを入れる前に、卵黄がよく混ざっていることに注意する。
4. 糸を引かなくなるまでよく混ぜ続ける。もし卵黄の数が足りなければ、丁度良くクリーミーになるように、さらに卵黄を1〜2個加える。
5. めいめいの容器にフォンドゥータを注ぎ、薄切りのトリュフで覆い、トーストしたパンを添える。

INTERPRETAZIONE

ブルスケッタ モンブランに 想いを馳せて

再構築Tema 3

フォンドゥータに欠かせないのが、ヴァッレ ダ・オスタ産フォンティーナチーズとライ麦パンです。この素材に注目し、ヴァッレ・ダオスタの風景をイメージしながら現代風にアレンジするという手法を取りました。フォンドゥータだけでは、濃厚でも味の構成としてシンプルであるため、現代料理に仕上げるには何か味を足す必要があると感じました。その時、ヴァッレ ダ・オスタ州の町コーニュには、コーニュ風ズッペッタという郷土料理があることを思い出しました。ボリューム感のあるリゾットです。この料理とフォンドゥータを融合させることで、違和感なく新たな味を足すことができました。これをライ麦パンにのせ、全く印象の違うブルスケッタという料理としました。登山をしていた学生時代、必ず持参して食べた、くるみやチーズとパンの味わいをブルスケッタ一品に盛り込み、同時にこの州に聳え立つモンブランを表現しています。

『Taverna del Sole』馬場 剛

材料 (4人分)

フォンドゥータ (19ページ参照) … 適量

コーニュ風ズッペッタ (4人分)
カルナローリ米 … 240g
玉ねぎ … 1個
澄ましバター (玉ねぎ用) … 20g
澄ましバター (パン用) … 25g
澄ましバター (仕上げ用) … 50g
ブロード … 1500㎖
白ワイン … 180㎖
ヴァッレ・ダオスタ産フォンティーナ
　　　　　　（薄いスライス）… 200g
ライ麦パン (小角切り) … 140g
シナモン … 適宜

ライ麦パン (トーストしたもの) … 適量
トリュフ (スライス) … 適量
イタリアンパセリ … 適量

作り方

1. まずコーニュ風ズッペッタを作る。鍋に玉ねぎと溶かしバターを入れ、ゆっくりとソテーしたら、米を加え、軽くきつね色になるまで木べらでかき混ぜながら5分ほど弱火でソテーする。

2. ブロードを少しずつ加えながら15分ほど火にかけるが、その間も常に木べらでかき混ぜながら、水分を飛ばしすぎないように気をつけて、アルデンテのリゾットを作り火を止める。

3. 2のリゾットに、50gのフォンティーナチーズを一度に加え、さらに力強くかき混ぜて溶かし込む。

4. 耐熱容器に、3、残りのフォンティーナチーズの順で層になるように重ねる。一番上のリゾットに、あらかじめ溶かしバターできつね色に焼き上げたライ麦パンのクルトンをのせ、その上に仕上げ用のバター50g、シナモンパウダーを多めにふりかけてオーブンに入れ、フォンティーナチーズが溶けるまで5分位焼き上げる。

5. 作りたての熱いフォンドゥータに、4のコーニュ風ズッペッタ、ライ麦パンを添える。コーニュ風ズッペッタをよくかき混ぜてライ麦パンにのせ、フォンドゥータをかけ、トリュフをのせる。イタリアンパセリを飾る。

TRADIZIONALE

アオスタ渓谷風コストレッタ
Costoletta alla valdostana

コストレッタは骨付きロース肉の意味で、やわらかなコストレッタを使った料理は、贅沢な料理でした。調理法はパン粉を付けて揚げ焼きにします。ただしカツレツとは呼ばず、わざわざコストレッタと呼ぶのは、美味しい部位を誇ってのことでしょう。この料理はイタリア各地にある中で、アオスタ渓谷風と名が付くのは、アオスタ産フォンティーナチーズを詰めて焼く点に特徴があります。淡白な仔牛肉に、フォンティーナチーズを合わせてコクを深めます。注意点としては、仔牛の骨付きロース肉は小さくチーズは詰めにくいので、肉を破かないよう慎重に作業することです。アオスタではオリーブは採れませんので、揚げ油はバターかくるみオイルを使います。たっぷりの油に入れ、熱い油をかけながら火を通します。中に詰めたチーズが溶け始めたら、揚げ上がりです。

『Taverna del Sole』馬場 剛

材料（4人分）

仔牛の骨付きロース … 4枚（700g）
ヴァッレ・ダオスタ産フォンティーナ
　　　　　　　　　　　　　　… 100g
バター … 100g
パン粉 … 適量
小麦粉 … 少々
卵 … 1個
塩・胡椒 … 各適量

レモン … 2個
イタリアンパセリ … 適量

作り方

1. よく切れる庖丁で、骨付きロースを骨の部分はつけたまま、縦に半分に袋状に切る。
2. フォンティーナを4等分して、それぞれを薄切りにする。
3. 1の袋状にした部分に2のフォンティーナを詰め込み❶、開いている部分ができる限りふさがるよう肉叩きで叩く。
4. 3の肉の両面に塩、胡椒少々をし、小麦粉、溶き卵、パン粉の順で付け、たっぷりのバターで、きつね色になるまでゆっくりと揚げる❷。
5. 皿に盛り付ける。半分にカットしたレモンを添え、イタリアンパセリを飾る。

INTERPRETAZIONE

生ハムとパルミジャーノを詰めたコストレッタ

再構築Tema3

伝統料理のコストレッタにインスピレーションを受け、初夏の北アルプスをイメージした料理としてこの料理にアレンジしました。まずは肉に関して。仔牛肉は部位ごとに買えないことが多く、また骨付き肉で使える部分は1本の枝肉からは1/3くらいしかありません。希少な肉ですので、使い切るにはいろいろな使い方をした方がいい。そこで伝統料理では骨付きロースを使い、残ったロース部位で現代料理を作ろうと思いました。ちなみに、さらに残った部位は骨を外してサルティンボッカにするといいでしょう。肉は薄く叩いて生ハムとパルミジャーノをのせ、巻き込んで揚げ焼きにします。生ハムとパルミジャーノの塩で、すっきりした味わいに仕上がります。これにくるみをちらし、この州のフォンドゥータと、北イタリアのソースである、アップルビネガーを使ったサルサ・ヴェルデの2種類のソースを添えます。やわらかな酸味が、くるみとも良く合います。

『Taverna del Sole』馬場 剛

材料 (4人分)

仔牛ロース肉 … 200g×4
ノルチャ産生ハム … 10g×4
パルミジャーノ … 40g
卵 … 1個
小麦粉 … 適宜
パン粉 … 適宜

2色のソース

ヴァッレ・ダオスタ風フォンドゥータ
　　（19ページ参照）… 30g×4

サルサ・ヴェルデ

イタリアンパセリ … 80g
サルヴィア … 20g
にんにく … 2片
オリーブ オイル … 100g
アップルビネガー … 50g
アンチョビ … 4片
くるみ … 50g
レモン … 1個
塩・胡椒 … 各適量

イタリアンパセリ … 適量

作り方

1 サルサ・ヴェルデを作る。材料をフードカッターに入れ、数秒間隔で回しながら程よい粒状のソースになるよう仕上げる。

2 仔牛ロース肉は、薄く切りのばし、そこにノルチャ産生ハム、パルミジャーノを削りのせ、巻き込む。

3 小麦粉をまぶし、溶き卵にくぐらせ、パン粉をつけてきつね色になるまで揚げ焼きにする。

4 皿の中央にフォンドゥータを丸く盛り、その外側に沿うようにサルサ・ヴェルデを流し入れる。カリッと揚がった3を輪切りにし、中央の2色のソースの真ん中に盛り付ける。イタリアンパセリを飾る。

TRADIZIONALE
Piemonte
マレンゴ風アニョロッティ
Agnolotti alla Marengo

アニョロッティは、ピエモンテ全域で食べられている詰め物パスタのこと。特にアレッサンドリア、アスティやモンフェッラートの郷土料理として知られています。このパスタ、元々は肉料理の残りを詰め物として再利用したのが始まりと言われています。しかし伝統料理においても、その作り方は手が込んでいて、薄くのばした生地に包まれたアニョロッティは、非常に美味しくリッチな味わいです。現地では、クリスマスのご馳走としても楽しみにされているパスタで、とても"残り物の再利用"という印象ではありません。元となるレシピには「ランゲ産の白トリュフを削りかけてサービスすると良い」と書いており、贅沢なパスタです。

『Trattoria I Bologna』小林清一

材料（2人分）

パスタ生地
小麦粉（00タイプ）… 200g
卵 … 2個

詰め物
成牛雄牛又は雌牛のスカンナトゥーラ
　　　（肩バラ肉に近い部位）… 160g
ピエモンテ産高級ワイン … 150g
きゃべつの葉 … 130g
サルシッチャ … 100g
豚肉 … 60g
パルミジャーノ（すりおろし）… 60g
オリーブオイル … 60g
ラルド … 40g
バター … 20g
パン粉 … 20g
卵 … 3個
小玉ねぎ（薄切り）… 少々
人参（薄切り）… 少々
セロリ（薄切り）… 少々
にんにく … 少々
月桂樹の葉 … 少々
サルヴィアの葉 … 4枚
ローズマリー … 1/2本
粒黒胡椒 … 2粒（適量?）
シナモン … 少々
クローブ … 1本
ナツメグ（すりおろし）… 適量
塩 … 各適量

作り方

1. ホウロウまたはステンレスの鍋に小玉ねぎ、人参、セロリを層に重ね、成牛肉と豚肉の切り身を交互に置く。

2. 1につぶしたにんにく、小さな月桂樹の葉、サルヴィアの葉、ローズマリー、粒胡椒、シナモンの小片、クローブ、すり下ろしたナツメグを加え、全てにワインをまわしかけ、蓋をして冷たい所で24時間寝かせておく。

3. 24時間後、マリネした肉を取り出し、サルヴィア、ローズマリーとにんにくを除いて水けをきった野菜類をミキサーにかける。シナモン、クローブ、月桂樹の葉と粒胡椒は別にしておく。鍋に残ったワインは取っておく。

4. マリネに使った平鍋に、3のミキサーにかけた野菜を流し入れ、オリーブオイル、バターと、熱した庖丁でつぶしたラルドを加える。

5. 極小の火で軽く炒めて、絶対に焦がさないようにしながら（油脂類にも色がついてはいけない）色が透明になってきたら、3で取り出した牛肉と豚肉を加える。

6. 火を強めて時々かき回し、肉をひっくり返しながら10分間煮続ける。

7. 3で取っておいたワインを漉したものを回しかけ、ワインがほとんど蒸発するまで、蓋を開けたままフツフツと煮続ける。適量の塩をし、3で別にしておいた粒胡椒、シナモンの小片、クローブ、月桂樹の葉を合わせ、熱湯500㎖を加える。混ぜてから半分程度蓋をして中火で約2時間煮る。

8. また平鍋に水を入れ、塩をしたものを火にかけ、沸騰したらきゃべつの葉を入れて、やわらかくなるまで15分間茹でる。水から取り出して冷まし、よく絞っておく。

9. 7の鍋の成牛肉と豚肉が煮えたら取り出し、皮をむいたサルシッチャ、8のきゃべつの葉と共に2度ミンチにかけ、ボールに入れる。

10. 9に卵、パルミジャーノ、パン粉を加えて手でよくこね、完全に滑らかで均質なものにし、味見をしてから塩で調整し、詰め物とする。

11. 9で残った鍋の煮汁を漉して鍋に戻し、中火にかけて煮詰める。

12. 粉と全卵2個で普通のパスタ生地を作り、乾かないようにしながら、幾度もパスタマシンを通しながら薄くしていく。

13. 12の生地の上に10の詰め物を、ヘーゼルナッツ大に絞ってたくさん並べる。ギザギザのついたカッターで1片が3㎝の四角に切って、アニョロッティを形作る。出来上がるごとに、バットに移し布で覆う❹。

14. 食事の少し前に、塩をした水を入れた大き目の平鍋を火にかけ、沸騰したらアニョロッティを一つずつ入れる。アルデンテに茹で、穴空きレードルで取り出す。

15. ボールに1層ずつ入れ、それぞれに11の熱々の肉の煮汁をかける❺。

INTERPRETAZIONE

鹿・猪を詰めた紀州備長炭のアニョロッティ

再構築Tema 2 3

アニョロッティは、私が修業していたピエモンテの風景をイメージして作りました。修業中、気晴らしを兼ねて、アスティの町の脇を流れるタナロ川で釣りをよくしました。その時の光景をイメージし、ソースを川の流れに見立て、アニョロッティをそこで泳ぐ魚として盛り付けようと思いました。アニョロッティは、四角ではなく和歌山の鹿・猪を詰めたダル・プリンタイプ。プリンはつまむの意味で、ピエモンテの手法です。詰め物を通常より細長く絞り、生地をつまむように閉じることで魚に見立てたのです。生地は、紀州備長炭を練り込んだ黒い生地も使っています。ソースは、白がサルビア風味のバターソース、茶がジビエ風味の赤ワインソースです。

『Trattoria I Bologna』小林清一

材料（作りやすい分量）

パスタ生地（黒）
イタリア産小麦00タイプ … 300g
卵 … 3個
紀州備長炭の粉 … 12g

パスタ生地（黄）
イタリア産小麦00タイプ … 300g
卵 … 3個

詰め物
猪肩ロース肉 … 1kg
猪バラ肉 … 500g
鹿ロース肉 … 1kg
鹿肩ロース肉 … 500g
サルシッチャ … 500g
人参（ぶつ切り） … 3本分
玉ねぎ（ぶつ切り） … 6個分
セロリ（ぶつ切り） … 5本分
ローズマリー … 2つかみ
サルヴィア … ひとつかみ
ジネープロ（ジュニパーベリー） … 少々
にんにく … 3玉
赤ワイン（バルベーラ） … 3本
ブロード … 適量
ほうれん草 … 5束
リゾット … 500g
パルミジャーノ（すりおろし） … 100g
卵 … 10個
塩・胡椒 … 各適量
オイル … 適量

バターソース
エシャロット（みじん切り） … 2個分
サルヴィア … 1枚
白ワイン … 200㎖
バター … 200g
塩・胡椒 … 各適量

赤ワインソース
猪の骨 … 1kg
鹿の骨 … 1kg
人参 … 2本
玉ねぎ … 3個
セロリ … 3本
ブロード … 適量
赤ワイン（バルベーラ） … 2本

付け合わせ
干しブドウ … 100g
赤ワイン … 200㎖
トリュフ … 適量

作り方

1 黒と黄のパスタ生地を作る。それぞれの材料を別ボールで合わせ、まとまったらパスタマシンに通し、折ってはのばす工程をなめらかになるまで繰り返す。真空にかけて一晩寝かせる。

2 詰め物を作る。猪・鹿の肉はそれぞれ5cm角ほどに切ったら、オイルを熱したフライパンで色よく焼く。

3 香味野菜を加え、香草を入れ、さらに炒める。全体にきれいな焼き色が付いたら塩を軽くし、赤ワインを加え水分がほとんどなくなるまで煮詰める。

4 ブロードを加え、時々焦げないように混ぜながら、2時間〜2時間半煮込んで火から下ろし、冷ます。

5 4は、茹でてよく絞ったほうれん草、リゾットとともにミキサーにかけ、パルミジャーノと卵を様子を見ながら加え、塩、胡椒で味を調え、詰め物とするⒶ。

6 バターソースを作る。エシャロットとサルヴィアを少量のバターで軽く炒め、白ワインを加え煮詰めたら、バターを少しずつ加え乳化させ、塩、胡椒で味を調え、漉す。

7 赤ワインソースは、猪・鹿の骨を色よく炒め、野菜を加えてさらに炒め、赤ワインを加え、煮詰まったらブロードを加え弱火で5時間ほど煮出して漉す。ちょうどいい濃度まで煮詰めて、味を調える。

8 付け合せの干しブドウは水で戻し、赤ワインで煮詰める。

9 アニョロッティを作る。1の生地をのばし、5の詰め物をおき、アニョロッティ・ダル・プリンの要領で細長く成形するⒷ。

10 たっぷりの湯に塩を入れ、9を茹でる。

11 皿に6と7のソースを川をイメージして描き流し、茹でた10を魚に見立てて盛り付ける。8とトリュフを添える。

Ⓐ

Ⓑ

TRADIZIONALE

ボッリート・ミスト
Bollito misto

ピエモンテをはじめとする、北イタリアの冬の醍醐味とも言える料理が、ボッリート・ミストです。ブドウ摘みが終わる9月〜10月頃から、料理内容は冬に切り替わり、トラットリアやリストランテでもボッリート・ミストを楽しみに来店するお客様が見られるようになります。ピエモンテは肉食いで知られる土地柄ですので、この料理ではいろいろな肉、いろいろな部位を茹でて盛り合わせます。海の素材は使いません。茹でる際は、肉類は同じ鍋で一度に茹でますが、加工肉は味が肉に移ってしまわないよう、肉とは別の鍋で茹でます。現地の店では、肉を盛った大皿が温かいブロードとともにワゴンで運ばれ、好みの肉をオーダーしたら、切り分けてサーブされるというスタイルです。ソースは、モスタルダやバニェット・ヴェルデなどが定番です。出されるソースの種類の多さが、店のステイタスとされています。

『Trattoria I Bologna』小林清一

La cucina dell'italia settentrionale

材料（2人分）

成牛の肉：腿肉と肩肉
仔牛肉：胸先、頭、タンと尾
野菜のブロード（玉ねぎ、人参、セロリ、他、塩）

ソース
サーレ・グロッソ … 適量
ヴァニェット・ヴェルデ … 適量
果物のモスタルダ … 適量
ルーブラ（甘酢風味のトマトソース）… 適量
ヴァニェット・ロッソ … 適量

作り方

1 大きな鍋に、洗って大きめに切ったすべての野菜を入れる。たっぷりの水（当然肉の量による）と塩を合わせる。

2 ブロードが沸騰したら、まず成牛肉を入れ、約1時間後に仔牛肉を入れる。好みで、成牛肉に去勢鶏や鶏を加えても良い。もし若鶏を使うのならば、仔牛肉と共に入れる。ピエモンテでは（他の各州と同じように）、美味しいボッリートを作るためには、豚肉と幾種類かの加工肉（ザンポーネ、コテキーノ、サルシッチャ）を使わなければならず、当然別に茹でておき、最後にブロードに合わせる。

3 サービスする時に、熱した二つの皿に全ての肉を盛り付けて、サーレ・グロッソ（結晶の粗い塩）をふりかけ、上から熱々のブロードを注ぐ。ヴァニェットもしくはペペローニのソース、または甘酢風味のトマトソースの酢漬け、果物やブドウのモスタルダ添える、またはサーレ・グロッソをふりかけた後、E.X.V.オリーブオイルをまわしかける。ソースを別容器で添える。

INTERPRETAZIONE

和歌山の食文化とピエモンテの風景を融合させたボッリート・ミスト

再構築Tema 1 2

ピエモンテの冬を代表するボッリート・ミストを現代料理にするに際しては、どうすればテーブルで熱々を食べられるかをまず考えました。そこで肉類はひと口大にカットして一皿に盛り合わせ、バーニャカウダポットに肉を茹でたブロードを注ぎ、その中で肉を温めながら食べるスタイルを思いつきました。ソースは基本のソースのほか、実山椒、湯浅の醤油、じゃばらなど和歌山の食材を使ったソースも加えています。盛り付けは、バローロ村周辺から見える沢山の丘が連なるピエモンテの風景をイメージして、肉類を小高い丘、バーニャカウダポットをバローロ城に見立てています。

『Trattoria I Bologna』小林清一

La cucina dell'italia settentrionale

材料（10人分）

牛
ムネ先肉 … 3kg
肩肉（ネック）… 3kg
スネ肉 … 1本
牛舌 … 1本
牛テール … 1本

紀州赤鶏 … 1羽
コテキーノ … 500g
サルシッチャ … 500g

玉ねぎ … 2個
人参 … 2本
セロリ … 3本

果物のモスタルダ … 適量

ヴァニエット・ヴェルデ
イタリアンパセリ … 200g
パンの中身（白い部分）… 20g
赤ワインビネガー … 20g
ルーブラ（ケチャップで代用可）
　… 50g
オリーブオイル … 200g
松の実 … 50g
にんにく … 1/2片
塩・胡椒 … 各適量

ヴァニエット・ロッソ
赤パプリカ（みじん切り）… 5個分
黄パプリカ（みじん切り）… 5個分
イタリアンパセリ（みじん切り）
　… 150g
にんにく … 5個
アンチョビ … 100g
トマトソース … 100g
赤ワインビネガー … 50g
ブロード … 適量
オリーブオイル … 適量

くるみソース
くるみ … 100g
蜂蜜 … 100g
マスタード … 大さじ1
塩・胡椒 … 各適量

ブドウのモスタルダ
ブドウ汁（バルベーラ）… 240ℓ
かりん … 20kg
リンゴ … 60kg
洋ナシ … 60kg
黄桃 … 15kg
イチジク … 5kg
白メロン … 4個
かぼちゃ … 2個
チェードロ … 2個分
プルーン … 5kg
ヘーゼルナッツ … 5kg
くるみ … 2.5kg
オレンジピール … 1kg
レモンピール … 1kg
シナモン … 70g
丁字 … 30g

じゃばら醤油ソース
じゃばら搾り汁 … 50g
湯浅醤油 … 30g
オリーブオイル … 100g

山椒ソース
実山椒（ボイルしたもの）… 大さじ2
イタリアンパセリ … 100g
アンチョビ … 30g
にんにく … 1/4片
オリーブオイル … 150g

作り方

1　ボッリートは、それぞれの肉がやわらかくなるまで火を通し、ひと口大に切る。

2　ソースを作る。ヴァニエット・ヴェルデは、ミキサーにイタリアンパセリ以外の材料を入れて回したら、イタリアンパセリを少しずつ加えなめらかなソースとし、塩、胡椒で味を調える。

3　ヴァニエット・ロッソは、鍋にオリーブオイルとにんにくを入れて火にかけ、香りを出したらアンチョビを加え溶かす。イタリアンパセリを加え、香りが出たらパプリカを加え水分を飛ばす。ブロードを加え、パプリカに火を通す。トマトソースを加えさらに赤ワインビネガーを加え15分程煮てなじませる。

4　くるみソースは、材料全てを合わせ、ブレンダーで撹拌する。

5　ブドウのモスタルダは、ブドウ汁を半量に煮詰め、それぞれ皮をむいて角切りにした野菜・果物・他の材料を加え、濃度が出るまで焦げないように混ぜながら10時間程煮る。

6　じゃばら醤油ソースは、材料全てをミキサーに入れ、撹拌する。

7　山椒ソースは、材料全てをミキサーに入れ、撹拌する。

8　皿に**1**の肉を並べ、バーニャカウダポットに肉をボイルしたブロードを入れ温めてセットする。**2**〜**7**のソースと果物のモスタルダを容器に入れて添える。

TRADIZIONALE
ピエモンテ風じゃが芋のニョッキ
Gnocchi di patate alla piemontese

イタリア各地で食べられているニョッキ。歴史は古いものの、じゃが芋で作るニョッキは、イタリアでじゃが芋が食べられるようになった19世紀以降ということで、伝統料理の中では比較的歴史の浅い部類に入ると言えるでしょう。ピエモンテ風ニョッキは、じゃが芋を使ったもので、トマトか焦がしバターで食べるシンプルな一皿。作り方のポイントは、でんぷん質の強いじゃが芋（男爵系）を使うことと、生地が手に付かなくなるまで、練らずによく混ぜ合わせること。練ると粘りが出て、仕上がりが悪くなります。

『Otto e Sette Oita』梯 哲哉

材料（4人分）

でんぷん質の強いじゃが芋 … 1kg
小麦粉 … 約200g
塩 … 適量

バター … 適量

作り方

1 じゃが芋は皮付きのままを洗い、鍋に入れて冷水で覆い、塩をして蓋をし火にかける。

2 茹で上がったら湯から出して皮をむき、すぐに熱いうちにポテトマッシャーで裏漉しする。

3 台の上に落とし、適度な固さになるように少しずつ粉を加え、指につかなくなるまでよく混ぜ合わせる❹。

4 小指の太さほどの棒状のものを作り、2cmほどに切る。くっつかないよう粉を振りかけておく。それを、親指でおろし金の裏側またはフォークに押し付けて作る❺。

5 たっぷりの沸騰した湯に塩をした中でニョッキを数分間茹で、浮き上がってきたものを穴あきレードルで取り出す。

6 和えるのは、トマトを入れたストラコットの汁とパルミジャーノを振りかけるのが理想的である。焦がしバターでシンプルに作るのも良い❻。

INTERPRETAZIONE
ニョッキと温野菜のサラダ
再構築Tema 2

伝統的なニョッキを、大分スタイルで楽しませたいとアレンジしました。シンプルに調理した大分産野菜を組み合わせ、温かいサラダとニョッキの間の料理に仕立てることで、温かい前菜として出したり、2皿目のパスタとしても出したりできる料理にしました。ソースは大分産のニラ、トマト、かぼちゃをピューレにしたものを彩りよく流し、賑やかな印象を出します。それに大分産野菜を茹で、オイルでからめて盛り合わせます。仕上げに焦がしバターをかけ、伝統的なニョッキの味わいを感じさせながらも、大分の味覚を楽しませるようにしました。

『Otto e Sette Oita』**梯 哲哉**

材料（1人分）

ニョッキ（35ページ参照）…10g×7個
バター … 適量

塩・胡椒 … 各適量
オリーブオイル … 適量
かぼす … 適量

ニラのソース、トマトのソース、
宗麟かぼちゃと温泉パプリカのソース
… 各適量

茹でたピーナッツ、れんこん、
グリーンアスパラ、かぼす、
エディブルフラワー、ハーブなど
… 各適量

作り方

1　35ページの要領で、ニョッキを作る。
2　野菜類は、それぞれ下処理をしておく。
3　たっぷりの湯に塩を入れ、**1**のニョッキと**2**の野菜類を入れて茹でる。
4　火が通ったものから引き上げ、水けをきる。
5　**4**の野菜類は、オイルを熱したフライパンで軽くソテーし、塩、胡椒をする。
6　**4**のニョッキは器に盛り付け、焦がしバターをかける。さらに**5**の野菜類を添え❶、3種類の野菜のソースを彩りよく流す❷。エディブルフラワーとハーブを飾り、かぼすを絞りかける。

TRADIZIONALE

生肉のサラダ
Insalata di carne cruda

38

高級牛肉のサナート種牛でも知られるピエモンテは、牛肉の名物料理があります。この料理は料理名の通り生の牛肉を使っていますが、生の肉をそのまま食べるのではなく、たっぷりのオリーブオイルを加え、レモンを絞り、マリネしてサラダとして盛り付けます。にんにくは、ほのかな香りを付けるために使いますので、フォークに刺したままで混ぜるようにします。変色し過ぎるとぼそぼそになりますので、変色し過ぎないよう注意が必要。現在では日本でも生肉の料理を出すことはできませんが、ピエモンテの伝統料理として紹介しました。

『Otto e Sette Oita』梯 哲哉

材料（4人分）

成牛のフィレ肉 … 500g
オリーブオイル … 適量
レモン … 3個
冷水 … 1/2カップ
にんにく … 1片
イタリアンパセリ … 適量
小きゅうりのピクルス … 適量
塩・胡椒 … 各適量

作り方

1 よく切れる庖丁で肉を薄く切り（スライサーで切ってはいけない）、サラダボールに入れて、塩、挽きたての胡椒、たっぷりの油、レモン汁2個分 Ⓐ、冷水半カップを加える。材料に軽く香りをつけるにんにくを差し込んだフォークで、丁寧に混ぜる Ⓑ。

2 色が変わるまで肉を寝かせておく Ⓒ。最後にもう一度、肉のサラダを混ぜ合わせ、皿に盛り付ける。

3 イタリアパセリの小枝と、半月形に切ったレモンと扇形に切ったきゅうりのピクルス、好みで骨を抜いて刻んだアンチョビを添える。

Ⓐ

Ⓑ

Ⓒ

INTERPRETAZIONE

マグロのサラダ

再構築Tema 2

伝統料理でも紹介しましたが、現在の日本ではこの料理をそのまま出すことはできません。そこでどのようにすれば出せるかアレンジを考え、完成したのがこの料理です。牛赤身肉の代わりにあえてマグロの赤身を使い、やはり大分のテイストを加えて作りました。マグロの身は牛肉よりもやわらかいので、厚く切ります。それに大分特産のかぼすを絞りかけます。かぼすは皮を下にして絞るのがポイントで、こうすると絞り汁が皮を伝って流れるので、皮からの香り成分が汁に含まれ、より香りよくなります。仕上げに、国東のピーナッツをちらし、別府温泉の蒸気熱でじっくり火を通したにんにくを添え、かぼすを絞ります。

『Otto e Sette Oita』梯 哲哉

材料(4人分)

マグロ赤身肉 … 360g
塩 … 適量
オリーブオイル … 適量
かぼす … 1個
冷水 … 適量
にんにく(温泉蒸気で加熱したもの) … 適量
あさつき(小口切り) … 適量

作り方

1 マグロは7mm厚さほどにスライスして、食べやすい大きさに切るⒶ。

2 ボールに入れ、塩、たっぷりのオイル、かぼすの絞り汁Ⓑ、冷水を加え、丁寧にかき混ぜる。マグロの色が変わるまで寝かせておく。

3 残ったかぼすは薄くスライスし、皿にのせる。2のマグロを巻くようにしてかぼすの上に盛り付け、にんにくをのせ、あさつきをちらす。

TRADIZIONALE *Liguria*
ファリナータ
Farinata

ひよこ豆の粉で作るファリナータは、リグーリア州全域食べられていて、街角でおやつとしても売られています。私の修業先はリグーリアの海岸の町・サヴォーナでしたから、興味本位で食べたことがあります。しかしあまりに素朴で貧しい味わいに、日本人の舌にはあまり向かないのではないかと思ったほどでした。リグーリアでは、小麦粉の白いファリナータと、ひよこ豆の黄色のファリナータがあります。水分が多いしゃばしゃばの生地を専用の浅い鍋・テストに入れ、オーブンで水分を飛ばすように焼き上げます。リグーリア各地で、生地の上に玉ねぎやハーブをのせるなどのバリエーションがあるようです。

『RISTORANE Casa Alberata』並木一茂

材料

エジプト豆(ひよこ豆)の粉 … 500g
水 … 1600㎖
オリーブオイル … 適量
塩・胡椒 … 各適量

作り方

1 容器に豆の粉と塩、胡椒を入れ、水を少しずつ注いでかき混ぜながら、ダマができないように溶かす。分量の水が入ったら、そのまま4時間〜一晩置いて寝かせる。表面に泡が浮くので、取り除く。

2 天板に多めのオイルを流し、1を流して木杓子でオイルと馴染ませ、200℃のオーブンに入れて、表面が黄金色になるまで焼き上げるⒶ。

3 熱いうちに三角形にカットして供する。

INTERPRETAZIONE

La cucina dell'italia settentrionale

ファリナータ 銚子港から

再構築Tema 1 2 3

手軽なおやつのファリナータを、一品の料理にするためにリストランテの前菜としてアレンジしました。リグーリアは魚介が豊富で、私が修業した店もメニューの70〜80%は魚介料理でした。千葉も魚介が豊富ですから、地元・銚子港の魚介を活かし、クロスティーニのイメージで魚介をのせることにしました。タコ、イカとともにタラを使ったのは、肉を食べない金曜には豆とタラを食べる習慣があり、相性がいい素材だからです。

『RISTORANE Casa Alberata』並木一茂

材料

ファリナータ（左ページ参照）… 適量
銚子産タラのブランダード（下参照）… 適量
銚子産タコとセロリのマリネ（下参照）… 適量
銚子産ダルマイカのアンチョビ風味（下参照）… 適量

作り方

タラのブランダード、タコとセロリのマリネ、ダルマイカのアンチョビ風味は、それぞれ温め、カットした温かいファリナータにのせ、器に盛る。

◆銚子産タラのブランダード

材料（作りやすい分量）
銚子産真ダラ … 小さめ半身
じゃが芋（茹でたもの）… 2個
牛乳 … 150ml
にんにく … 少々
塩・白胡椒 … 各適量
オリーブオイル … 適量

作り方
1 タラは塩をして寝かせるか、塩ダラにしておく。
2 鍋でオリーブオイルとにんにくを熱し、香りが出たらにんにくは取り出し、1をカットし軽く炒める。
3 じゃが芋と牛乳も入れ、水分量がちょうどよくなったら、フードプロセッサーにかけ、塩、胡椒する。

◆銚子産タコとセロリのマリネ

材料（作りやすい分量）
銚子産タコの足 … 3本
香取市産セロリ（スライス）… 1本
オリーブオイル（タジャスカ種）… 適量
にんにくオイル … 数滴
塩 … 少々
イタリアンパセリ（みじん切り）… 少々

作り方
1 タコは蒸し器で蒸したら、ファリナータに乗るサイズにカットする。
2 1とセロリをボールに入れ、イタリアンパセリ、にんにくオイルとオリーブオイルを加えて和え、塩で味を調える。加熱しないので、えぐみが少なく上品なリグーリア州特産のタジャスカオリーブを使う。

◆銚子産ダルマイカのアンチョビ風味

材料（作りやすい分量）
銚子産ダルマイカ … 2杯
アンチョビ … 少々
にんにく（みじん切り）… 適量
オリーブオイル … 数滴
イタリアンパセリ（みじん切り）… 少々

作り方
1 ダルマイカは掃除をしてカットする。砂がなければ内臓も使う。アンチョビはペーストにしておく。
2 鍋ににんにくとオリーブオイルを入れて火にかけ、香りを出したら、アンチョビを加える。
3 1のダルマイカを入れて軽く炒め、イタリアンパセリを入れる。

TRADIZIONALE

サンレモ風チーマ
Cima alla sanremese

44

チーマは、リグーリア州を代表する郷土料理。海洋国家として歴史に栄華を誇ったジェノヴァ生まれで、仔牛肉にさまざまな食材を詰めて茹でた贅沢な料理です。それが現在は州全体に広がり、スーパーでもスライスしたものが売られています。古典料理では脳みそや内臓が入りますが、現在では使われていません。サンレモ風は珍しいと思います。地域によってはリコッタやグリンピース、マジョラムなどのハーブを使うこともあります。また、チーマは冷菜のほか、下の写真のように衣を付けて、バターとたっぷりの油の中で揚げ焼きにもします。

『RISTORANE Casa Alberata』並木一茂

材料（8人分）

- 仔牛ムネ肉 … 約1.2kg
- 脳みそ … 150g
- バター … 約80g
- パン粉 … 大さじ1
- グラナ・パダーノ（すりおろし）… 大さじ2
- 水 … 2000㎖
- 玉ねぎ … 1個
- 人参 … 1本
- セロリ … 1本
- イタリアンパセリ … 少々
- にんにく … 適量
- レタス（せん切り）… 2枚分
- クローヴ … 2本
- 卵 … 2個
- オリーブオイル … 適量
- 塩・胡椒 … 各適量
- パセリソース（イタリアンパセリ、ケッパー、アンチョビをミキサーで回したもの）… 適量
- ベビーリーフ … 適量

作り方

1. 寸胴に水を注ぎ、クローヴを差した玉ねぎ、人参、セロリ、イタリアンパセリ、にんにくを入れ、火にかけてブロードを取る。
2. よく切れる庖丁で、仔牛肉を袋状に開く。
3. 脳みそは流水で洗い、丁寧に薄皮を除き、刻んでボールに入れ、パン粉、グラナ・パダーノ、レタス、塩、胡椒を加えて混ぜる。
4. 2の開いた部分に3を詰め、タコ糸で切れ目を縫い、清潔な布で包む。
5. 沸騰した1に4を入れ、重石をして2時間茹でる。火が通ったら、そのまま翌日まで置いて冷ます。
6. そのまま出す場合は、翌日、カットして皿に盛り付ける。パセリソースを流し、ベビーリーフを添える。揚げる場合は、サービスする30分前に切り、溶き卵と分量外のパン粉に通し、高温のバターとたっぷりの油の中で揚げる。

INTERPRETAZIONE

チーマ・アッラ・千葉ネーゼ

再構築Tema 1 2

チーマは、修業先の店でも作っていました。リグーリアを代表する贅沢な料理として、州の各地にいろいろなレシピがあり、「どれが正解」というものがありません。そこで千葉の食材を使って再現できないか、と考えたのがこの料理です。仔牛肉に匹敵するやわらかな肉として、クセがない千葉・君津産の鹿肉を使っています。中に詰める野菜や卵も千葉産を使うことで、"千葉産"チーマが完成しました。調理法で現代性を出し、スチームコンベクションオーブンで低温長時間加熱を施して、しっとりとした食感に仕上げます。

『RISTORANE Casa Alberata』並木一茂

材料 (4人分)

君津市産鹿ロース肉 … 500g
香取市産ハーモニー卵 … 3個
香取市産の野菜 (小松菜、枝豆、オオマサリ〈茹で落花生専用品種〉、人参、大和芋、オクラ) … 各適量
グラナ・パダーノ … 大さじ1
塩・胡椒 … 各適量
オリーブオイル … 適量

パセリソース (イタリアンパセリ、ケッパー、アンチョビをミキサーで回したもの) … 適量
好みの野菜 … 適量

作り方

1 人参、大和芋はスティック状にカットする。小松菜と大和芋以外の野菜はそれぞれ茹でて火を入れ、豆類は豆を取り出しておく。

2 卵と塩、グラナ・パダーノ、1の小松菜を数枚入れ、ブレンダーで混ぜる。

3 2はオリーブオイルを熱したフライパンで、やわらかめのスクランブルエッグにする。

4 鹿肉はラップで挟み、肉叩きで叩いて薄くのばしたら、上のラップだけ外して塩、胡椒する。

5 4の肉に3をしき詰め、1の野菜類をのせたら、下のラップを使って巻き込み、形を整えてアルミホイルで巻く。

6 スチームコンベクションオーブンのスチームを68℃に設定し、5を入れて10時間加熱する。

7 オーブンから取り出したら、冷蔵庫で冷ましてからカットし、器に盛ってパセリソースを流す。好みの野菜を添える。

TRADIZIONALE
緑のピカッジェ
Picagge verdi

リグーリアのパスタというと、リングイネやトロフィエがよく知られていて、私自身、生パスタの印象はあまりありませんでした。ピカッジェについて調べると、フェットチーネほどの幅の卵入りパスタと紹介されている情報がほとんど。このレシピのように、生地にボッラジネのほか、サルシッチャまで入るパスタは初めて作りました。ソースに具は入らず、スーゴ・ディ・カルネ少々とオイルを入れて和え、仕上げにパルミジャーノをふるというシンプルなもの。見た目にもパスタだけしか無い素朴な料理です。ところが、サルシッチャのためか意外にコクがあって、美味しい料理です。

『il filo』和田康則

材料（6人分）

パン用小麦粉 … 500g
水 … 約130g
サルシッチャ … 30g
ボッラジネ（ボリジンの葉）と
エルベッテ（小型ビエートラ）… 各1束
卵 … 2個

肉の焼き汁 … 適量
パルミジャーノ（すりおろし）… 適量
塩 … 適量

作り方

1. ボッラジネとエルベッテを洗い、残った水だけで、厚手の鍋で茹でる。水を良くきって細かく切っておく。
2. 作業台に粉をあけ、中心に窪みをつけて卵を割り入れる。塩を加え、フォークで混ぜる。
3. パルミジャーノ、皮をむいてちぎっておいたサルシッチャ、**1**を加える。
4. 少しずつ水を加えながらエネルギーをこめてパスタをこね、薄くのばしてから30分ほど寝かせておく。
5. ピカッジェの幅に長く切る（綿のリボンのような幅）つまり1〜1.5cmの幅である。そのまま空気にさらして乾かす❶。
6. 強火で沸かしたっぷりの湯に塩をし、**5**のピカッジェを茹でる。茹で上がったら取り出す。
7. 温めたスープ皿に入れ、肉の焼き汁とパルミジャーノで和える❷。

❶

❷

INTERPRETAZIONE

春菊のピカッジェと春菊パウダー
再構築Tema 3

50

このパスタは、具が入らないシンプルな料理であるだけに、味のベースはとてもシンプル。パスタのボッラジネがポイントといえると感じました。ボラッジネはリグーリアではよく使われているハーブで、食べてみると最後に春菊のような風味がしました。そこでアレンジでは日本らしさを出そうと、ボッラジネを春菊に代えて作ってみました。パスタに練り込む分と、最後にのせるペースト、それにパウダーにも春菊を使っています。春菊の味わいを強調するため、パスタに春菊を使練り込むに当たっては、サルシッチャは使っていません。ここからさらにアレンジを広げる場合、緑にこだわらなければパプリカのペーストでもいいのではないでしょうか。

『il filo』和田康則

材料（作りやすい分量）

パスタ生地
強力粉 … 250g
水 … 50g
春菊 … 1/2束
卵 … 2個
パルミジャーノ（すりおろし）… 少量

春菊 … 1/2束
マルトデキストリン … 適量
オリーブオイル … 適量
水 … 適量

塩 … 適量

作り方

1 パスタ生地用の春菊を塩茹でし、ミキサーで撹拌し、余分な水分をきる。
2 ボールに強力粉と水、**1**、卵、パルミジャーノを入れ、しっかりと混ぜ合わせ、パスタ生地を作り、30分以上休ませる。
3 **2**をパスタマシンでのばし、1.5cm幅にカットする。
4 生の春菊と水をミキサーに入れて撹拌し、鍋に移して弱火にかけ、浮き上がってきた春菊をすくいあげる。
5 **4**の半量とオリーブオイルをミキサーに入れ撹拌し、静かに漉す。
6 マルトデキストリンと5を混ぜ合わせ、パウダーを作る❶。
7 鍋にたっぷりの湯を沸かし、塩をし、**3**を茹でる。
8 茹で上がったパスタは水けをきり、オイルを熱したフライパンに入れてあおり、パルミジャーノを加えて和える❷。
9 器にパスタを盛り、**5**の残りの春菊を添え、**6**をちらす。

Ⓐ

Ⓑ

TRADIZIONALE

カッポン・マーグロ
Cappon magro

海に面して漁港が多いリグーリアならではの贅沢料理です。肉を使わず、たくさんの魚介と野菜、玉子を大皿に盛り付けた料理で、野菜は野菜でドレッシングと和えて盛り、魚介は魚介でソースと和えて盛ります。それぞれの下処理を含めると、非常に手間のかかる一品です。特別な日に、大勢で楽しむ料理とも言えるでしょう。このレシピにように手の込んだ作り方をする所は、今ではほとんど見当たらないのではないでしょうか。

『il filo』和田康則

La cucina dell'italia settentrionale

材料（2人分）

小ぶりの伊勢エビ … 1尾
ニベ（またはカサゴ）… 1尾
エビ … 12尾　　カキ … 12個
イカや貝などの取り合わせ … 適量
塩漬けアンチョビ … 6枚
モシャーメ（マグロまたはイルカの肉の薄切を太陽で乾燥させたもの）… 100g
さやいんげん（細型）… 200g
カリフラワー … 1個
カルチョーフィ … 4個
人参 … 4本　　セロリ … 1本
ビーツ … 1個　　じゃが芋 … 大1個
スコルツァネーラ（サルシュフィ）… 1束
にんにく … 1～2片
イタリアンパセリ（みじん切り）… ひとつかみ
松の実 … 50g
スペイン産オリーブ … 16粒
卵 … 6個
油漬け茸 … 適量
ケッパー … 小さじ1
小形パンの白身 … 2個分
オリーブオイル … 適量
ワインビネガー … 適量
レモン … 適量
小型パンの白い部分 … 2個分
塩 … 適量
ガッレッタ（航海用の平たい乾パン）… 適量

作り方

1. にんにくをすりつけたガッレッタ（好みの分量）を大きなサラダボールに並べて水とワインビネガーをふりかけ、塩をふる。
2. パンの白い部分2個分をワインビネガーに浸しておく。
3. 伊勢エビとニベ（またはカサゴ）を茹で、エビは殻からはずし、ニベは頭と骨を除いておく。
4. 3は拍子木に切り、オリーブオイル、レモン汁、塩で和えておく。
5. 鍋で、カリフラワー、じゃが芋、セロリ、さやいんげん、人参2本を塩茹でにする。
6. 別の鍋で、スコルツァネーラと四つ切りにしたカルチョーフィを茹でる。
7. 卵を茹で、4つ切りにする。
8. エビを茹でる。カキや貝は口を開ける。
9. 野菜類が茹で上がったら水をきり、じゃが芋、人参は薄切りにする。カリフラワーは房に分け、セロリとスコルツアネーラは小さく切っておく。ビーツは薄切りにする。
10. 別々の皿にそれぞれの野菜を入れ、オリーブオイル、ワインビネガー、塩で和えておく。
11. サラダを和えるためのソースを準備する。乳鉢でアンチョビ（掃除して骨を除いたもの）2枚、イタリアンパセリの葉、1～2片のにんにく、松の実、ケッパー、茹でた卵黄2個、ワインビネガー、2のよく絞ったパンの白い部分、オリーブ4～5個分の果肉、塩ひとつまみを入れて潰す。すりこ木でこのすべての材料をよくすり潰し、濃度の濃い混ぜ物を作る。
12. でき上がったら裏漉し器に通し、カップ半量のワインビネガーとオリーブオイルカップ1杯を混ぜ、木杓子でこのソースを混ぜ合わせる。
13. 残った4枚のアンチョビを掃除して骨を除く。
14. 少量のオリーブオイルをかけておいたガッレッタの入ったサラダボールをとり、薄切りのモシャーメを並べ、そこに12のソースをかける。
15. 残りのすべての材料を層に重ねる。ただし伊勢エビ、エビ、カキ、イカや貝、残りのオリーブは除いておく。それぞれの層を少量のソースで味付けし、最後のすべてをかける。
16. 15の上に伊勢エビ、周りにカキ半量とイカや貝などを盛り付け、楊枝に刺した茹でエビ、オリーブ、アンチョビ4枚分、茸、ホタテ貝のように切った生の人参12個を用意して、カッポン・マーグロに美しく刺して飾り、サービスする。

INTERPRETAZIONE

大葉風味のカッポン・マーグロ

再構築Tema 1

54

リグーリア名物のカッポン・マーグロ。この料理のアレンジでは、盛り付けの変更をテーマにし、大皿に盛り付けた素材すべてをバラバラにし、リストランテで出せる前菜料理にしました。食べやすいよう、ムール貝は殻から出して盛り付けています。伝統料理では、ベースにイタリアンパセリのソースを使っているのに対して、アレンジ版では日本人向けに下味としてすだちの絞り汁をからめ、大葉を使った爽やかなソースを使っています。

『il filo』**和田康則**

材料（4人分）

- エビ … 4尾
- 伊勢エビ … 1尾
- 小イカ … 4杯
- ムール貝 … 4個
- 白ワイン … 少量
- カサゴ … 1尾
- カリフラワー … 少量
- カルチョーフィ … 1個
- さやいんげん豆 … 8本
- じゃが芋 … 1個
- ビーツ … 1個
- 人参 … 少量
- タッジャスカの黒オリーブ … 8粒
- 茹で玉子の卵黄 … 少量

- 大葉 … 40枚
- にんにく（茹でたもの）… 2片
- 松の実（煎ったもの）… 10g
- パン粉 … 少量
- ケッパー … 少量

- パン（スライス）… 適量
- にんにく、オリーブオイル、すだち … 各適量

- 塩 … 適量

作り方

1. エビと伊勢エビ、小イカは、それぞれ塩茹でにする。ムール貝は白ワイン蒸しにする。カサゴをおろし、焼いておく。
2. カリフラワー、カルチョーフィ、さやいんげん豆、じゃが芋、ビーツ、人参は、それぞれ塩茹でする。
3. **1**の伊勢エビは殻を外して食べやすい大きさに切り、**1**の残りと**2**と共に、それぞれ熱いうちにすだちの絞り汁とオリーブオイルを混ぜたものにからめる。エビは串を打つ。
4. ミキサーに大葉、茹でたにんにく、松の実、パン粉、ケッパーとオリーブオイルを入れ撹拌し、ソースとする。
5. スライスしたパンににんにくをこすりつけ、オリーブオイルをぬり、トーストする。
6. 器に**3**を盛り付け**A**、**4**を流す**B**。黒オリーブとつぶした茹で玉子の卵黄をちらす。

A

B

TRADIZIONALE
Lombardia
ピッツォッケリ
Pizzoccheri

ピッツォッケリは、ロンバルディア州でも最北部でスイス国境に近いヴァルテッリーナの伝統料理。寒冷地の上に土地が痩せていることから、この地域はイタリアでも有名なそば粉の産地となっています。きれいな粉ではなく、甘皮が入っていて粗めのものが多いのがイタリアのそば粉の特徴。その分、甘みがあり、香りも強いものです。伝統料理では大雑把で、配合は下記の通りで、卵は入りません。それをこね合わせ、幅広の短いパスタにします。合わせる食材は伝統的に、ちりめんきゃべつやじゃが芋が定番で、パスタを茹でる際に時間差で湯に入れて火を通し、チーズとともにサルヴィア風味のバターで和えます。チーズは地元で作られている脂肪分の少ないものということで、半脱脂乳で作るヴェルテッリーナ・カゼーラチーズなどを合わせました。

『Trattoria Cucina Casalinga Tanta Roba』林 祐司

材料（1人分）

そば粉（細かく挽いたもの）…ふたつかみ
小麦粉…ひとつかみ
塩…ひとつまみ

じゃが芋…数個
ちりめんきゃべつ…適量
バター…適量
サルヴィア…適量
塩・胡椒…各適量
ヴァルテッリーナ・カゼーラチーズ
　　　　　　　　　　　　　…適量

作り方

1 そば粉と小麦粉を混ぜ、塩とを加えて、固くなめらかな生地ができるように水を入れてこね、短いタリアテッレを作る要領で作業する。麺棒で薄過ぎない程度の生地をのばす。幅1cm長さ5cmに切る。

2 塩をしたたっぷりの湯を入れた鍋を火にかけ、じゃが芋と細長く切ったちりめんきゃべつを加える。

3 じゃが芋に火が通ったら1のパスタを入れ🅐、少しアルデンテの状態で引きあげる（他の野菜と共に）。

4 ピッツォッケリ1層、それぞれの層にたっぷりの幅広で薄く切ったヴァルテッリーナ・カゼーラチーズを加える。

5 前もってサルヴィアと熱しておいたたっぷりのバターをかける。好みで胡椒で風味を付け、皿に盛る。

Ⓐ

INTERPRETAZIONE

ピッツォッケリ 丹波の香り

再構築Tema 1 2 3

修業で訪れたロンバルディアの、伝統料理のピッツォッケリは、イタリアで食べた味わいや見た景観を、私の幼い頃の記憶とリンクさせてアレンジしようと思いました。私は出身が兵庫で、県の美味しい食材というと京都との県境の丹波が有名です。丹波はヴァルテッリーナ同様、渓谷でも知られます。そして食材でも、栗などの晩秋の食材がある丹波と、美味しい食材が豊富なヴァルテッリーナとがダブるからです。ピッツォッケリは伝統的なものをそのままで使い、それに合わせる具材を、丹波地鶏、丹波の栗とちりめんきゃべつと、丹波の食材で作ることにしました。鶏と栗はバターソテーにし、きゃべつはパスタと茹でてそれぞれをフライパンで合わせます。チーズには、ロンバルディア州のハードタイプのビットチーズを小角切りにして合わせました。そば粉の淡い風味と、栗のほくっとした食感、地鶏のうま味とちりめんきゃべつの甘みが、上手くマッチしています。

『Trattoria Cucina Casalinga Tanta Roba』林 祐司

材料 (2人分)

ピッツォッケリ(57ページ参照) … 100g

丹波地鶏モモ肉 … 1/2枚
丹波栗 … 5〜6個
ちりめんきゃべつ … 2〜3枚
バター … 30g+20g
サルヴィア … 2枚
ビットチーズ … 20g
塩・黒胡椒 … 各適量

作り方

1 丹波地鶏は、一口大にカットする。丹波栗は茹で、皮をむき、一口大にカットする。

2 フライパンに30gのバターとサルヴィアを入れ、加熱したら、1の丹波地鶏と丹波栗を入れて炒め、塩、黒胡椒をふる❹。

3 パスタ用の湯を沸かし、塩を入れて一口大にちぎったちりめんきゃべつとピッツォッケリを茹でる❺。

4 茹であがったら水けをきり、2のフライパンに入れてからめる。

5 仕上げに、残りのバター20gとビットチーズを入れ、素早く和えたら、器に盛り付ける。

❹

❺

TRADIZIONALE

ミラノ風オッソブーコ
Ossobuco alla milanese

60

ルネサンス期のミラノで生まれたといわれる、日本でも知名度の高い歴史ある名物料理です。仔牛のスネ肉をバターで焼いて、白ワインかブロードで煮込みます。近年ではトマトを加えて煮込むことも見られますが、オッソブーコはイタリアにトマトが伝わる前から作られていた料理のため、左ページの料理のように古典的なオッソブーコにはトマトを入れないのが基本。それでも、炒めた玉ねぎを入れたり、アンチョビとグレモラータを入れたり、香草を入れたりとアレンジはさまざまにあります。また米どころのロンバルディアという位置付けから、ミラノ風リゾットを添えるのも定番のスタイルです。

『Trattoria Cucina Casalinga Tanta Roba』林 祐司

材料（4人分）

厚めに切ったオッソブーコ部位
　　　　　（仔牛の後ろ脚のスネ肉）… 4枚
バター … 50g
白ワインまたはブロード … 適量
小麦粉 … 適量
レモン … 半個
にんにく … 1/2片
塩・胡椒 … 各適量

グレモラータ
イタリアンパセリ（細かいみじん切り）
　　　　　　　　　　　… ひとつかみ
にんにく（細かいみじん切り）… 1片分
レモンの皮（細かいみじん切り）… 適量

ミラノ風リゾット（下記参照）… 適量

作り方

1　大きめの鍋にバターとにんにく半片（後で取り出す）を加熱し、粉をしたオッソブーコをバターの中で焼き、両面に色が付くようにするⒶ。

2　蓋をしたまま弱火で加熱し、時々白ワインまたはブロード、もしくは水（好みで刻んだトマトまたはソースを加える）を注ぐ。

3　時々肉をひっくり返しながら、適量の塩と胡椒をする。

4　グレモラータの材料を合わせ、鍋を火から下ろす10分前にオッソブーコの上にちらす。

5　ミラノ風リゾットを盛った皿に盛り付け、その上に煮汁をかける。

◆ミラノ風リゾット

材料（作りやすい分量）
米 … 400g
バター … 100g
玉ねぎ（みじん切り）… 適量
骨髄 … 50g
サフラン … 少量
肉のブロード … 約1500㎖
ロディジャーノチーズ … 75g

作り方

1　平鍋でバターを溶かし、玉ねぎを加えて炒める。

2　米を加えてかき混ぜたら、サフラン、骨髄、ブロードを加え、鍋を絶えずゆすりながら炊く。ブロードが減ったら、少量を足しながら煮るⒷ。

3　米がアルデンテに炊き上がったら、バターを加えてかき混ぜ、チーズをふる。

INTERPRETAZIONE

淡路島風オッソブーコ

再構築Tema 1 2 3

オッソブーコは、私の出身地の兵庫県の食材で再構築したいと思いました。オッソブーコは、肉に丸く開いた穴の髄が美味しいものです。その大きさが、淡路島産の私が使っている玉ねぎの大きさに近いと思ったからです。玉ねぎは小ぶりなものが味が詰まっていて美味しいので、小さめの玉ねぎを仔牛のブロードで煮て火を通し、くり抜いた中にやわらく煮たオッソブーコをほぐして詰めました。伝統料理では骨の周りにある肉が、まるで骨の中にあるようなイメージです。この料理に欠かせないミラノ風リゾットは、サフラン入りブロードでとろとろに炊き上げた米をカリカリに揚げ、飾りにしました。これも私が幼い頃に実家で食べた、米菓子をヒントにしたものです。

『Trattoria Cucina Casalinga Tanta Roba』林 祐司

材料（2人分）

オッソブーコ
仔牛後ろ脚スネ肉 … 1本
バター … 40g
にんにく … 1片
オリーブオイル … 40g
玉ねぎ（みじん切り）… 1個分
人参（みじん切り）… 1/2本分
セロリ（みじん切り）… 1本分
白ワイン … 250g
仔牛のブロード … 250g
小麦粉 … 適量

グレモラータ
にんにく（みじん切り）… 小1/2片分
イタリアンパセリ（みじん切り）… ひとつまみ
国産レモンの皮（みじん切り）… 1/4分個分

淡路島産玉ねぎ … 中1個
パルミジャーノ（すりおろし）… 30g+20g
仔牛のブロード … 100g
水 … 400g

肉のソース
仔牛のスーゴ … 20g
オッソブーコの骨髄 … 適量

サフランのソース
玉ねぎの茹で汁 … 200g
サフラン … ひとつまみ
バター … 10g

飾り
サフラン入り仔牛のブロード … 200g
炊いたお米 … 適量
イタリアンパセリ … 適量

塩・黒胡椒 … 各適量

作り方

1 オッソブーコを炊く。オッソブーコ用のバター、オリーブオイルを大きめの鍋で熱し、にんにくを入れ、香りがでたら玉ねぎ、人参、セロリを入れて中火で炒める。

2 フライパンをよく熱し、粉をしたオッソブーコを両面を色良く焼く。

3 焼けたら1の鍋に入れ、白ワインを注ぎ、仔牛のブロードで蓋をしてやわらかくなるまで弱火で煮る。時々、肉をひっくり返し、適量の塩、黒胡椒をふる。

4 玉ねぎの準備をする。仔牛のブロードと水を合わせたもので、薄皮付きのままやわらかくなるまで茹でる❹。取り出して中身をくり抜く。煮汁は残しておく。

5 3が煮上がったら肉を取り出してほぐし❺、30gのパルミジャーノと、材料を合わせたグレモラータを混ぜ、挽き肉状にする。

6 4のくり抜いた玉ねぎに5を詰める❻。残りのパルミジャーノ（20g）をふり、250℃のオーブンで5〜8分、焼き色を付ける。

7 肉のソースを作る。仔牛のスーゴと5で炊き上げたオッソブーコの骨髄を混ぜ、火にかけよく合わせたら、裏漉しする。

8 サフランのソースを作る。4で残しておいた煮汁にサフランを入れ、半分量まで弱火で煮めたら、バターで濃度を付ける。

9 飾りを作る。サフラン入り仔牛のブロードに炊き上げたお米を入れ、弱火で米粒がペースト状になるまで炊いたら、クッキングシートに薄くのばして乾燥させ、低温の油で揚げる。

10 皿に8のソースを流し、6を盛り付ける。7のソースを垂らし、9とイタリアンパセリを飾る。

La cucina dell'italia settentrionale

A

B

C

TRADIZIONALE

カソンセイ
Casonsei

カソンセイは、ロンバルディア州でも山裾に近い地区で、ブレーシャ地区以外にベルガモ、フランチャコルタ地区で伝統的に名物とされているラヴィオリの一種。詰め物には、サルシッチャやじゃが芋を使うことが多い料理です。地域によって多少名称が変わり、ベルガモではカソンチェッリ、カゾンチェッリと言う地域もあります。私がロンバルディアで修業していた頃は、手打ちパスタを作る人がお手伝いにいました。最初に教わった時は、形の面白さに加え、パスタの詰め物としてサルシッチャの肉にパンを組み合わせることが意外だと感じました。しかし食べてみると、これで軽くなるということを知り、納得した覚えがあります。以来、修業店でもカソンセイを作ってお客様にもお出しし、評判が良かったものでした。

『Vineria e Trattoria Perché No!?』吉山武臣

材料（4人分）

詰め物
サルシッチャ … 100g
パンの白い部分 … 30g
牛乳 … 適量

パスタ生地
小麦粉 … 300g
卵 … 3個
塩 … 適量
バター … 約100g
パルミジャーノ（すりおろし）… 大さじ6

作り方

1 牛乳でパンの白い部分をやわらかくし、よく絞ってボールに入れる。

2 サルシッチャをほぐして入れ、チーズも合わせる。材料をよく混ざりあうまでこねる❹。

3 卵、小麦粉と塩でパスタ生地を作り、8×14cmの長方形に切る。

4 カソンセイを作る。3の生地の中央部に2の詰め物を置き、長いほうを折り、詰め物が出てしまわないようによく押さえつけて、昔の半ズボンのようなラヴィオリを形作る❺。上手く作るためには（それだけで難しいのだが）生地は薄くやわらかく、乾いていてはいけない。

5 食事の少し前に、塩をした湯で短時間茹で、たっぷりの溶かしバターとパルミジャーノで和える。熱々をサービスする。

INTERPRETAZIONE

熊本天然アユと天然アワビのカソンセイ スプマンテとオシェトラキャヴィアのソース

再構築Tema2

カソンセイが作られているのは、ロンバルディアでもポー河流域の裕福なところ。川と水田地域の場所です。それに似た風景として福岡県下の川の流れがひらめき、アレンジで使う食材としては、そこで漁が行われる天然アユがいいと思い当たりました。アユは三枚に下ろして身と骨を使い、骨は素揚げにして飾りで添えます。内臓の苦味と香りは、パスタの詰め物には合わないので、ここでは使いません。この天然アユに、筑前海で獲れる天然アワビを組み合わせました。カソンセイは裕福な所の料理ですから、アレンジでもアユとアワビ、それにキャビアと贅沢な素材を組み合わせ、イタリアの風景を日本で再現しました。ソースにスプマンテを使ったのは、ロンバルディアはフランチャコルタのようにスプマンテで知られる場所があることをヒントにしました。

『Vineria e Trattoria Perché No!?』吉山武臣

材料（作りやすい分量）

パスタ生地（65ページ参照）… 適量

天然アユ … 4尾
天然アワビ … 300g
パン粉 … 少々

魚のブロード … 適量

ズッキーニ（スライス）… 1本分
スプマンテ … 200㎖
エシャロット（みじん切り）… 少々
生クリーム（泡立てたもの）… 大さじ2
小ねぎ … 適量
イタリア産オシェトラキャヴィア … 大さじ2

香草類 … 適量

オリーブオイル … 適量
塩 … 適量

作り方

1 詰め物を作る。アユは塩でもんでぬめりを洗い落とし、ウロコを取り、三枚におろしておく。内臓は使わない。中骨は水でさらし、脱水シートで水分を抜いておく。

2 アワビは塩で表面をこすり、タワシできれいにしたら、殻から外し、分量外の大根のスライスではさみ、タイムとともに真空にかけ、80℃の湯に入れて3時間ほど火を入れ、そのまま袋ごと氷水で冷ましておく。

3 1のアユの身の半分は、塩をしてオイルを熱したフライパンで焼き、冷めてから5mm角にカットする。2のアワビも、半分を5mm角にカットする。

4 3をボールに入れ、パン粉、オリーブオイルを加えて混ぜ合わせて詰め物とする。

5 パスタは薄くのばし、4をのせてカソンセイを作る❹。

6 ズッキーニは塩茹でにし、ミキサーにオリーブオイルとともに入れて回し、ピューレにする。

7 鍋にスプマンテとエシャロットを入れ、3分の1量になるまで煮詰める。

8 3の残り半分のアユとアワビは、オイルでソテーする。1のアユの中骨は、素揚げにする❺。

9 たっぷりの湯を沸かして塩を入れ、5のカソンセイを茹でる。

10 茹で上がったら水けをきり、魚のブロードにからめ、6を流した皿に盛り、8のアユとアワビ、中骨を添える。

11 7のソースの仕上げに、泡立てた生クリーム、キャヴィア、小ねぎを加えてす早く混ぜ、10にかける。香草類を飾る。

TRADIZIONALE

ヴィテッロ・トンナート
Vitello tonnato

アルプスの麓では放牧が行われ、平地では各種産業が栄えているロンバルディアは、イタリア国内でも豊かな地域。料理も贅沢なものが多く、仔牛肉を使ったヴィテッロ・トンナートもその一つです。この料理は、西隣りのピエモンテでも同じく郷土料理として広く知られています。仔牛は贅沢品ですので、この料理は贅沢料理といえます。仔牛以外でも、ロンバルディアでは他の肉を使った料理もあるのだそうです。肉にかけるソースの材料としてマグロの油漬けを使うという点は、日本ではなかなか出ない発想で、"海の物"と"山の物"を合わせるのは現在のイタリアではやりませんが、1800年代まではよくあったようです。さらにクローブ、ローリエ、白ワインの酸味で、独特の香味もします。ポイントは肉をしっとりと仕上げることで、肉を布で包んで、85℃で30分くらい茹でます。

『Vineria e Trattoria Perché No!?』吉山武臣

材料 (6人分)

仔牛のモモ肉（ジレッロと呼ばれるモモ肉）
　　　　　　　　　　　　　　　… 1kg

人参（薄切り）… 1本分
玉ねぎ（薄切り）… 1個分
月桂樹の葉 … 数枚
クローブ … 数本
塩・胡椒 … 各適量
辛口白ワイン … 1本

トンナートソース
マグロの油漬け … 200g
卵黄 … 2個分
オリーブオイル … 適量
レモン … 1個
繊細な白ワインビネガー … 大さじ2
ケッパー … ひとつかみ

作り方

1　肉を容器に入れて、人参、玉ねぎ、クローブ、月桂樹の葉2枚、塩、胡椒を合わせる。辛口白ワインで仔牛肉を覆い（カップ1杯分を別にしておく）、一晩置く。

2　翌朝、煮込んでいるときに型崩れしないよう肉を布でくるみ、平鍋に移して、マリネした液を注いで中火にかける **A**。

3　仔牛肉が煮えたら取り出し、包みをほどき冷ましておく。

4　トンナートソースを作る。卵黄2個分とオイル、レモン汁でたっぷりのマヨネーズを作る。

5　マグロの油漬けは裏漉しし、4と合わせ、1で残しておいた白ワインと、ワインビネガーでのばし、細かく刻んだケッパーを加える。丁寧に混ぜ合わせる。

6　冷たくなった肉を薄く切り、皿に盛り、5のソースで覆い、やわらかいまま出すために冷蔵庫に入れておく。

A

INTERPRETAZIONE

佐賀産猪のロースの軽い燻製ハム 長崎産マグロの赤身のタルタル添え

再構築Tema 1 2 3

ヴィテッロ・トンナートのアレンジに当たっては、見た目や食感、香りまでを含めて分解し、再構築するという手法を取りました。伝統料理では、今日のリストランテで出すことを考えた時、色彩的にどうしても乏しいと感じたこと、それに食感や香りの面でのインパクトを出したかったためです。仔牛を使うところを、現地では他の肉を使うこともあると聞いたので佐賀産の猪を使い、マグロは長崎産のものを使うなど、九州の食材を使って現代風にアレンジしました。さらに、猪はオーブンで火を入れた後に、ローリエと山椒の繊細な酸味のある香りで燻製にしています。その肉との食感の違いを楽しませるため、マグロは生で使いました。ソースは乳製品のミルキーなソースと、マグロの赤を引き立てる緑のルーコラのソースを使いました。

『Vineria e Trattoria Perché No!?』**吉山武臣**

材料(仕込みやすい分量)

猪ロース肉 … 500g

ローリエ(燻製用) … 適量
山椒(燻製用) … 適量

マグロ赤身 … 200g
小ねぎ(小口切り) … 少々
ケッパー … 少々
卵黄 … 1個

モッツァレラ … 50g
牛乳 … 少々

ルーコラ … 少々
オリーブオイル … 少々

ピーテンドリル … 適量
パルミジャーノ(スライス) … 適量

オリーブオイル … 適量
塩・胡椒 … 各適量

作り方

1 猪肉はタコ糸でしばり、塩、胡椒して20分ほど置く。

2 フライパンにオイルを熱して**1**を入れ、表面に焼き色を付けたら、オーブンで20分ほど加熱し、取り出して温かいところで休ませる。

3 深鍋に炭を燃やし、ローリエと山椒を入れて煙を出したら、上に網をのせて**2**の肉を置き、ボールなどをかぶせ、途中でひっくり返しながら30分ほど燻製にかけ、取り出して冷ましておく。

4 マグロは庖丁で細かく切り、卵黄、小ねぎ、ケッパー、塩、胡椒、オリーブオイルで味付けする。

5 モッツァレラは牛乳とミキサーにかけ、ピューレを作る。

6 ルーコラはオリーブオイルとともにミキサーにかけ、裏濾しし、ルーコラオイルを作る。

7 皿にセルクルをのせ、**4**を詰める。その上に**3**をスライスして盛り付け**A**、セルクルを抜く。**5**と**6**のソースを流し、パルミジャーノとピーテンドリルを添える。

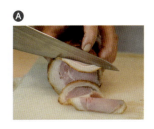
A

TRADIZIONALE
Veneto
リーズィ・エ・ビーズィ
Risi e bisi

訳すと「米とグリーンピース」。何ともストレートな料理名です。この料理は、米が1500年代にイタリアに入ってきて貴族の食事の中に持ち込まれて生まれたものです。イタリアでは米はピエモンテとヴェローナが栽培地ですので、ヴェネト州で米を用いた料理が広がりました。見た目にはお粥のようで、現代では素朴な料理に感じます。しかし豆の料理だから、本来は米は入れなくてもいいのに、それを入れているという点で、当時は贅沢感のある料理だったと思います。

『京王プラザホテル2階／フレンチ＆イタリアン「デュオ フルシェット」』友國稔行

材料（4人分）

グリーンピース … 1kg
米 … 200g
バター … 60g
オリーブオイル … 大さじ2
パンチェッタ … 50g
イタリアンパセリ（みじん切り）… 40g
玉ねぎ（薄切り）… 小ぶり1個分
ブロード … 1200㎖
パルミジャーノ・レッジャーノ
　　　　　　　（すりおろし）… 適量
塩・胡椒 … 各適量

作り方

1　グリーンピースは鞘から外し、よく洗う。ブロードを火にかける。

2　ソッフリットの準備をする。平鍋にパンチェッタ、バター半量、オイル、パセリと小玉ねぎを入れ、数分間弱火で炒める。

3　1のグリーンピースを加えてブロード大さじ数杯を入れ（グリーンピースが甘いタイプでなければ砂糖少々を合わせる）、蒸し煮にする。

4　煮立ったブロードを入れ、再び煮立ったら米を入れ、よくかき混ぜながら煮る。

5　火からおろす5分前に、味見をして塩、胡椒をし、残りのバター、パルミジャーノを混ぜ込む。非常に濃いミネストラのように仕上げる。

INTERPRETAZIONE

リーズィ・エ・ビーズィ「えんどう豆とパンチェッタのリゾット ヴェネツィアの春」

再構築Tema 1

La cucina dell'italia settentrionale

歴史的には、ヴェネツィアと関わりの深いギリシャやトルコ、レバノンにも似た料理があります。グリーンピースは、イタリアでも日本でも春を想わせる食材。そこで春をイメージする、リストランテの料理としてアレンジしました。グリーンピースは大粒で甘いものを、米と同量用いるのが望ましいと思います。スナップエンドウを茹でてペーストにし、それをえんどう豆と米を煮ている中に加え、豆の香りと甘みをより強調します。仕上がりは、リゾットよりもやや水分が多めにします。飾りも中に使った食材にちなんで、ピーテンドリル（スナップエンドウの芽）を使いました。

『京王プラザホテル2階／フレンチ&イタリアン「デュオ フルシェット」』友國稔行

材料 (4人分)

鞘付きのえんどう豆
　　… 800g（鞘を除いて200〜250g）
スナップエンドウ … 120g
米（ヴィアローネ・ナーノ種）… 200g
玉ねぎ（粗みじん切り）… 120g
パンチェッタ（皮を除き5mm角切り）
　　　　　　　　　　… 50g
バター … 60g
イタリアンパセリ（みじん切り）… 20g
パルミジャーノ（すりおろし）… 80g
ミネラル塩・胡椒 … 各適量
肉のブロード … 1000㎖ + α

パンチェッタのクロッカンテ … 4枚
ピーテンドリル（えんどう豆の若芽）
　　　　　　　　　　… 適量

作り方

1 鞘付きえんどう豆は鞘から取り出し、水でよく洗う。

2 スナップエンドウはヘタ、筋を掃除し、やわらか目の塩茹でにし、氷水で冷ます。芯まで冷えたら、ミキサーにかける。

3 玉ねぎ、パンチェッタ、バター20gを鍋で加熱する。玉ねぎがしんなりとし、パンチェッタの脂が出てきたら、**1**を加えてさっくりと合わせ炒め、豆が温まったら、熱いブロードを約300㎖加えて5分（豆が大きい場合は15分）ほど煮込む。

4 米を加え、木べらで鍋底から優しくかき混ぜ熱いブロードを足しながら、煮込む。

5 米がアルデンテに煮上がる5分前に**2**を加え**Ⓐ**、再度沸騰したら火から下ろす。

6 イタリアンパセリ、塩、胡椒、残りのバター、パルミジャーノを加えてす早く乳化させ、味と濃度を調える。

7 器に盛って優しく揺する、パルミジャーノをふり、パンチェッタのクロッカンテ、ピーテンドリルを飾る。

Ⓐ

TRADIZIONALE

豚肉の牛乳煮
Maiale al latte

ヴェネト州のアルプス側では、古くから豚を重宝し、一種の財産と見なしてきました。豚のモモ肉は、本来は生ハムにされる部位。その豚肉を使った贅沢な伝統料理です。豚肉を牛乳で煮るという料理で、肉は煮る前にワインビネガーかワインで2日ほどマリネしていますので、牛乳で煮る間に肉に染み込んだ酸で牛乳が凝固し、もろもろの状態になります。日本人の感性ではすくい取ってしまいたいところですが、イタリアの人たちはこの状態のソースが好みだと聞きます。食べてみると意外にクリーミーではなく、酸味がきいて美味しい料理です。

『京王プラザホテル2階／フレンチ＆イタリアン「デュオ フルシェット」』**友國稔行**

材料（4人分）

豚肉（モモ肉）… 1kg
バター … 50g
弱めのワインビネガー
　　　（または白ワイン）… 適量
サルヴィア … 数枚
ローズマリー … 2枝
牛乳 … 1000㎖
塩・胡椒 … 各適量
ローズマリー（飾り用）… 適量

作り方

1 肉をスープ皿に入れ、ワインビネガーまたは白ワインで覆い、2日間漬けておく。

2 **1**から肉を取り出して水けを拭き取り、バターを熱したフライパンに入れて表面を焼き、塩、胡椒をする。

3 **2**の肉を鍋に移し、束にしたサルヴィアとローズマリーを入れ、牛乳で覆い、蓋をして火にかけ、弱火でゆっくりと煮る。

4 肉に火が通ったら蓋を取り、火を強めて煮汁を煮詰める。

5 豚肉を取り出し、薄すぎない程度に切り、温めた皿の上に盛る。ソースを漉して少量を肉にかけ、残りはソース入れで添えて出す。ローズマリーを飾る。

INTERPRETAZIONE

東京のブランド豚 "トウキョウX" の牛乳煮込み

再構築Tema 1 3

この料理を見た時に、すぐに浮かんだのが冬の雪山のイメージでした。豚は、昔は秋から冬に食べる素材ですし、牛乳はアルプスでは必須の食材。牛乳で煮るため、色も白っぽい。そこで冬をテーマにアレンジを施しました。伝統料理も美味しいものですが、さらに現代人の舌を満足させるために、スチームコンベクションオーブンを使って肉にはギリギリの火入れを行い、ジューシーに仕上げます。豚は東京のブランド豚を使用しています。またソースもシノワで漉してなめらかに仕上げました。さらなるアレンジとしては、サフランで色や香りを工夫するということも考えられます。付け合せには、煮込み料理によく使われるポレンタを添えました。丸型で抜くとロスが大きくなりますから、半月型で抜いて添えています。

『京王プラザホテル2階／フレンチ＆イタリアン「デュオ フルシェット」』**友國稔行**

材料（4人分）

"トウキョウX"モモ肉 … 800g
バター … 80g
牛乳 … 400㎖
白ワイン（辛口）… 400㎖
ローズマリー … 1枝
サルヴィア … 数枚
ミネラル塩・胡椒 … 各適量
生クリーム（乳脂肪47％）… 50㎖
ルー … 適量

ポレンタ、トピナンブールのピューレ、芽きゃべつ、ビーツピューレ、人参ピューレ、黄人参ピューレ、ローズマリー、サルヴィア … 各適量

作り方

1. 食品保存袋（あれば真空パック）に豚肉と白ワインを入れて空気を抜き、口を閉じて水に沈め、冷蔵庫に入れ、数回上下の向きを変えながら2日ほど漬け込む。
2. 1の豚肉を取り出し、水けをきってタコ糸でしばり、形を整える。しっかりと塩、胡椒をする。
3. 鍋にバターを入れて強火にかけ、2を入れて表面を焼き上げるⒶ。
4. 肉の表面がきつね色になったら、取り出して食品保存袋に入れ、ローズマリー、サルヴィア、牛乳を加えて口を閉じる。あれば真空パックで行う。
5. スチームコンベクションオーブンに入れ、80℃・100％で10分、65℃・100％で30分、63℃・100％で80分（芯温63℃）加熱する。ない場合は湯せんで行う。肉の大きさにより加熱時間は調整するが、芯温63℃で30分加熱をクリアすること。
6. 肉を取り出して保温しておき、煮汁を鍋に移して煮詰める。
7. 3分の2ほどに煮詰めたら、ミキサーにかけ、鍋に戻し、生クリームを加え、塩、胡椒で味と濃度を調える。必要であればルーでつなぐ。目の細かいシノワで漉し、ミルクソースとする。
8. 温かい器に、ポレンタ、トピナンブールをのせ、3種のピューレを中に入れた芽きゃべつを彩りよく盛り付ける。
9. 6の肉はタコ糸を除き、好みの厚さに切って8に盛る。7のソースをかける。

Ⓐ

TRADIZIONALE

ビーゴリの鴨ソース和え
Bigoli con anatra

ヴェネト州は、アドリア海に面していて魚介料理が知られる一方、内陸のヴィチェンツァの辺りになると低い丘陵地帯となり、そうしたところで捕れる山の食材を使った料理も豊富です。その一つが鴨です。太くて食べ応えのあるビーゴリに鴨を合わせるのは、ヴェネトでは古くから家庭で食べられてきたオーソドックスな料理。鴨を煮た煮汁でビーゴリを茹でて味を移します。ブロードでパスタを茹でるのは、実はトスカーナなどでも見られる手法で、鶏のブロードでピーチを茹でたりします。濃厚な味わいのパスタには、鴨の内臓をソテーしたものと合わせます。そして茹でた鴨は、そのままセコンドとして食べるというスタイルです。

『CUCINA ITALIANA ATELIER GASTRONOMICO DA ISHIZAKI』石崎幸雄

材料（4人分）

若鴨 … 1羽
ビーゴリ … 300g
バター … 30g
オリーブオイル … 適量
玉ねぎ … 1個
セロリ … 1本
人参 … 1本
サルヴィア … 適量
パルミジャーノ（すりおろし）… 適量
塩・胡椒 … 各適量

作り方

1 ソースを作る。鴨は羽をむしり、羽毛を焼いてきれいにし、内臓、胃、レバーを取り出して丁寧に洗う。

2 塩をしたたっぷりのお湯を入れた鍋を火にかけ、人参、玉ねぎ、セロリと1の内臓を出した鴨肉を入れるⒶ。

3 鴨に火が通ったら、鍋から取り出す。残った茹で汁は、漉して少量をボールにとっておき、残りを平鍋に入れて火にかける。沸騰し始めたらビーゴリを入れる。鴨はセコンド・ピアットなどに使う。

4 オイルとバターを鍋に熱し、サルヴィアとともに、1で取り出したレバーと内臓を炒め、塩と胡椒をして煮る。

5 適当な固さに茹で上がったパスタを水きりし、3でボールに取っておいた煮汁に入れ、4も加えて和えるⒸ。

6 混ぜ合わせて、パルミジャーノを添えてすぐにサービスする。

Ⓐ

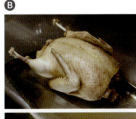
Ⓑ

Ⓒ

INTERPRETAZIONE

ビーゴリ 鴨モモ肉のコンフィ添え

再構築Tema 1

ヴェネトの伝統的な鴨のビーゴリは、家庭で楽しむ料理です。力強い味わいではあっても、見た目に素朴過ぎますので、それをリストランテの一品にするにはどうすればいいか、という方向でアレンジを考えました。そのためには、ヴェネト州がワインで有名なことを念頭に置きました。ヴァルポリチェッラやアマローネなど、重いワインも有名です。それに合わせる料理も多い。この料理も、パスタの魅力に加え、重い赤ワインと楽しませるために、伝統料理ではセコンドで使う鴨肉をパスタに添え、一皿でパスタとセコンドが一緒に楽しめるようにしました。パスタを茹でる際には、煮汁に浮いた鴨の脂は取り除き、脂臭くならないようにします。また肉がありますので、パスタには内臓は使わず、煮汁とオイルとパルミジャーノで味を付けます。肉自体は完全に火が入って味が相当抜けてしまいますので、バルサミコ酢と洋梨のピューレで味を補いました。

『CUCINA ITALIANA ATELIER GASTRONOMICO DA ISHIZAKI』石崎幸雄

材料（2人分）

ビーゴリ（下記参照）… 60g
オリーブオイル … 適量
パルミジャーノ（すりおろし）… 適量

若鴨 … 1羽
玉ねぎ … 1個
セロリ … 1本
人参 … 1本
塩 … 適量

洋梨のペースト（洋梨をマラスキーノ酒で煮てペーストにしたもの）… 適量
バルサミコ酢 … 適量

作り方

1 79ページの「ビーゴリの鴨ソース和え」の要領で、鴨を茹でる。

2 鴨に火が通ったら、鍋から取り出す。残った茹で汁は、漉して表面に浮いた脂を取り除く❹。鴨は取っておく。

3 2の茹で汁は、少量をボールにとっておき、残りを平鍋に入れて火にかけ、沸騰したらビーゴリを入れる。

4 3が茹で上がったら、水けをきってボールに入れ、オイルと3で取っておいた煮汁を入れて和え、パルミジャーノを加えてさらに和える。

5 2で取っておいた鴨肉は、モモ肉を外し、2で取り除いた脂を温めた中に入れて煮る。ムネ肉はスライスにする。

6 皿に5のムネ肉を並べ、その上に4を盛り、5のモモ肉を添える。洋梨のピューレを垂らし、バルサミコ酢を流す❺。

◆ ビーゴリ

材料（4～5人分）
00粉 … 250g
全粒粉 … 250g
卵 … 4～5個
牛乳 … 少々
バター … 20g

作り方
全ての材料をボールに入れてよく混ぜ、よく練ったら、ラップに包んで冷蔵庫に入れる。ツヤが出るまで寝かせたら取り出し、トルキオにセットし、生地を絞り出す。適当な長さでカットし、打ち粉をまぶして保存する。

Ⓐ

Ⓑ

TRADIZIONALE

ヴェネツィア風バッカラ・マンテカート
Baccalà mantecato alla veneziana

日本でもよく知られた、ヴェネトを代表する料理です。現地ではカレー粉を入れたりサフランを入れたりと、アレンジがたくさんあります。タラは干ダラのストッカフィッソを使います。他州ではバッカラは塩ダラのことを指すのですが、ヴェネトでは干ダラのストッカフィッソをバッカラと呼びます。日本では、輸入ものでは塩ダラならスペイン産が入手しやすく、干ダラを使うなら、私は北海道の棒ダラを使います。肉の厚みにもよりますが、毎日水を取り替えながら3日ほどかけて戻し、やわらかくなるまで時間をかけて煮ます。手間が大変で、現代ではレシピのようにすり鉢を使う店はないでしょう。またシェフによっては、タラの煮汁を加える人もいます。

『CUCINA ITALIANA ATELIER GASTRONOMICO DA ISHIZAKI』石崎幸雄

Ⓐ

Ⓑ

材料(6人分)

ストッカフィッソ
(水でやわらかくしたもの)
　ラーニョタイプ … 1kg
オリーブオイル … 適量
イタリアンパセリ
　(みじん切り) … 適量
にんにく(みじん切り)
　　　　　　　… 適量
塩・胡椒 … 各適量

作り方

1 鍋にストッカフィッソ(干ダラ)を入れて水で覆い、火にかける。

2 煮立ってきたらアクを取り除き、火を消し、蓋をしたまま15～20分間置いておき、取り出してから水をきる。この時に充分にやわらかくなっていなければ、さらに10分間煮る。

3 2のストッカフィッソは皮を取り除き、開いて、注意深く骨を取り除き、細かく散らばったものをまとめておくⒶ。そこに、出来れば凸面に膨らんでいる部分に重しをかける。

4 木のスプーンでかき混ぜ(多くの人は最初に乳鉢ですりつぶしてから、弱火にかけている)、オリーブオイルを垂らしながら、力を込めて泡立てるようにする。ストッカフィッソが生クリームのように白く、クリーミーになるまで、同じ方向に向けて泡立てるようにする。オリーブオイルの品質は、魚の含んでいる脂分によって決め、ストッカフィッソが吸収する分量だけ入れるⒷ。

5 適量の塩、胡椒、イタリアンパセリとにんにくを加える。

6 冷たく冷やして容器に盛る。

INTERPRETAZIONE

タラのクリーム風スープ仕立て

再構築Tema 1

La cucina dell'italia settentrionale

バッカラ・マンテカートのアレンジとして、リストランテで年配のかたや子供のお客様にも楽しんで頂ける料理を考えました。バッカラ・マンテカートは、それだけで冷えた白ワインと特によく合う料理です。つまり大人の味わい。しかしワインが飲めない人にはお勧めすることが難しい。そう考えて、温かいスープにしました。作ったバッカラ・マンテカートは、生クリーム、牛乳とともにジューサーで回して、さらになめらかな舌触りにし、あわせて味に丸みをもたせ、飲み干しやすく、それでいて魚の風味が楽しめるようにしました。味のアクセントとして、ヴェネト産のオリーブオイルと、オマールエビのビスクを垂らしました。ビスクの香ばしさによって、さらに魚の味わいが広がります。

『CUCINA ITALIANA ATELIER GASTRONOMICO DA ISHIZAKI』石崎幸雄

材料 (6人分)

ヴェネツィア風バッカラ・マンテカート
　　　　　　（左ページ参照）… 100g
生クリーム … 80㎖
牛乳 … 50㎖
バッカラの煮汁 … 適量

ヴェネト産オリーブオイル … 適量
オマールエビのビスク … 少々

パン … 適量

作り方

1　左ページの要領で、バッカラ・マンテカートを作る。
2　1をジューサーに移し、生クリーム、牛乳とバッカラの煮汁を入れて回し、鍋に入れて温める。
3　沸騰直前で器に盛り、オリーブオイルを流し、ビスクを垂らす。パンを添える。

TRADIZIONALE
Trentino-Alto Adige
トレンティーノ風大麦のミネストローネ
Minestrone d'orzo alla trentina

イタリアの最北の州であるトレンティーノ-アルト・アディジェは、冷涼な気候で小麦の栽培に向かない土地が多いことから、低温・乾燥に強い大麦が作られており、大麦を使った料理は伝統的なものによく見られます。このミネストローネでは、大麦に玉ねぎ、人参、じゃが芋と野菜類もたっぷりと入っています。どろっとした仕上がりで、体が温まりそうな料理です。

『Cucina Shige』石川重幸

材料（4人分）

- オルツォ・ペルラート（大麦の表面を削った丸麦）… 200g
- プロシュットコットの骨（肉が少々ついているもの）…ひと塊
- オリーブオイル … 大さじ5
- 肉のエストラット … 少々
- 玉ねぎ（みじん切り）… 1個分
- じゃが芋 … 1個
- 人参（薄切り）… 1本
- イタリアンパセリ … 適量
- マジョラム … 適量
- ローズマリー … 適量
- パルミジャーノ（すりおろし）… 適量
- 塩・胡椒 … 各適量

作り方

1. 大麦は浅い鍋に入れて、冷水2000mlで覆い、肉のエストラットを少々加え、2時間煮立てる。
2. その間に、玉ねぎと全ての香草類で作ったバットゥート（庖丁で叩くように切ったもの）を、オリーブオイルでゆっくりと炒める。
3. 2、プロシュットコットの骨、皮をむいて等分にしたじゃが芋、人参を1に加え、塩少々と胡椒をし、約1時間煮続ける。
4. ハムの骨を取り除き、パルミジャーノをちらして器に盛り、サービスする。

INTERPRETAZIONE

La cucina dell'italia settentrionale

鴨ムネ肉入り大麦のミネストローネ
再構築Tema 3

古典料理はシンプルなことが多く、それだけで美味しいもの。そこで現代料理は、クラシックの味はいじらず、トレンティーノで学んだ現代の技法の融合で考えました。この地域では肉にマスタードを付けて食べますので、その食卓の風景から、この料理もマスタード風味の肉を組み合わせようと思いました。寒い時期の料理ですので、鴨のムネ肉をマスタード風味でソテーし、添えました。ポイントは鴨肉の火の入れ方です。スープがとろっとした食感ですので、鴨によく合うポロねぎを使い、素揚げしてカリッとした食感を出すことで、食感の違いも楽しめる料理に仕上げました。

『Cucina Shige』石川重幸

材料（4人分）

トレンティーノ風大麦のミネストローネ
　　　　　　（左ページ参照）… 180㎖×4
栗 … 6個

鴨ムネ肉 … 400g
ディジョン・マスタード … 適量
カイエンヌペッパー … 適量
にんにく … 1片
タイム … 1枚
サルヴィア … 1枚
ローズマリー … 1枝
バター … 適量

ポロねぎ（せん切り）… 1/4本分
セモリナ粉 … 適量

バルサミコ酢 … 適量
E.X.V.オリーブオイル・塩・胡椒 … 各適量

作り方

1　栗は茹でて皮をむき、細かく刻んでおく。

2　左ページの要領で大麦のミネストローネを作り、仕上がる10分ほど前に1を加える。

3　余分な脂身などを掃除した鴨肉は、ディジョン・マスタードを手で馴染むように全体にぬり、塩、胡椒、カイエンヌペッパーをふる。

4　フライパンにオイルとにんにく、香草を入れて火にかけ、にんにくが色付き始めたら3を脂身の側から入れて焼く。きつね色になったらバターを入れ、肉に回しかけ、オーブンに入れて火を通す。肉に火が通ったら、取り出して休ませる。

5　温かい2を皿に盛り、5をスライスして盛り付ける。オリーブオイルを回しかけ、別にセモリナ粉を付けてフリットにしたポロねぎをのせ、バルサミコ酢を垂らす。

TRADIZIONALE

くるみ風味の詰め物をした茹で鶏
Pollo ripieno alle noci

この州では、くるみはよく使う食材です。それにここでは、トレンティーノでよく食べられている、全粒粉のパンの余ったものを使って詰め物にします。この詰め物を作っていて、山うずらにカネーデルリを詰めたロースト料理を思い出し、この詰め物は元々はカネーデルリだったのではないかとも思いました。詰め物を詰めたら、後はボイルして火を通すだけです。茹で上がったら、熱くても冷めても美味しいという料理。味わいはシンプルです。

『Cucina Shige』石川重幸

材料（6人分）

鶏 … 1羽（約1.5kg）
成牛の骨髄 … 150g
鶏レバー … 100g
松の実 … 40g
くるみ … 200g
パンの白い部分 … パニーニ2個分
牛乳またはブロード … 適量
パルミジャーノ（すりおろし）… 大さじ1
卵 … 1個
ナツメグ … 少々
塩・胡椒 … 各適量

作り方

1 少しの牛乳かブロードにパンを浸してやわらかくする。くるみを熱湯に通して薄皮をむき、松の実と共に非常に細かく刻む、または乳鉢ですりつぶす。

2 鶏を掃除し、洗って内臓を取り出しておく。

3 胃を茹でて、骨髄、鶏レバー、よく絞った1のパンと共にミンチにかける。くるみと松の実の粉、塩、胡椒、パルミジャーノ、全卵（足りなければ二つ目を加える）、ナツメグ少々を合わせる。

4 鶏から骨をはずし、準備した材料を詰める。切り口を縫い、中火で茹でる❹。熱いうちでも冷めてからでも、好みによってサービスする。

❹

INTERPRETAZIONE

名古屋コーチンのくるみ入りカネーデルリ

再構築Tema 3

トレンティーノアルト・アディジェの伝統料理のくるみ風味茹で鶏は、見た目にも味わいも、素朴でシンプルな料理です。それを現代的にするに当たっては、元の料理からインスピレーションを得て、より華やかでインパクトを高める方向で考えました。伝統料理では、詰め物は骨髄やレバー、木の実を入れた比較的重い味わいですので、アレンジに当たっては3種のチーズ、香草やスパイスを組み合わせ、スペックも加えて軽めながら印象の高い味わいにしました。鶏は、この詰め物に負けないよう味のしっかりした名古屋コーチンを使っています。調理法はボイルではなく、じゃが芋とローズマリーをしいて香ばしくローストし、仕上げに白ワインとブロードで蒸し焼きにしました。さらに、ブルーチーズ、ルーコラ・セルバティカの2種類のソースに柿のピューレも流して盛り付けました。基本となる鶏の詰め物は同じでも、見た目にも味わいでも華やかさを感じさせ、全く別物の料理に仕上がっています。

『Cucina Shige』石川重幸

材料（6人分）

名古屋コーチン … 1羽

詰め物（カネーデリ）
自家製天然酵母パン（拍子木切り）… 200g
卵 … 2個
スペック（みじん切り）… 適量
ブルーチーズ … 適量
ゴールデンゲルチーズ … 適量
パルミジャーノ（すりおろし）… 適量
くるみ（粗めのみじん切り）… 適量
イタリアンパセリ（みじん切り）… 適量
あさつき（みじん切り）… 適量
マジョラム（みじん切り）… 適量
ポレンタ粉 … 適量
ナツメグ … 適量
塩・胡椒 … 各適量

男爵芋 … 4個
ローズマリー … 1枝
玉ねぎ … 1個
白ワイン … 適量
ブロード（ロースト用）… 適量
オリーブオイル … 適量

ソース用
ブルーチーズ … 適量
生クリーム … 適量

スペックのクロッカンテ … 適量
ルーコラ・セルヴァティカ … 適量
洋梨・くるみ・柿のピューレ … 各適量
マイクロハーブ（アマランサス、クレソン）
　　　　　… 適量
E.X.V.オリーブオイル・塩・胡椒 … 各適量

作り方

1 名古屋コーチンは、中の骨を抜いておく。

2 詰め物を作る。ボールに詰め物の材料を全て入れ、よく混ぜて詰め物とする。

3 1の鶏肉に、2の詰め物を詰め、タコ糸でしばる。

4 別に切っておいたじゃが芋、玉ねぎ、ローズマリーを、オリーブオイルをしいた鍋に入れ、3をのせ、塩、胡椒をして190℃のオーブンに入れるⒶ。

5 肉全体に焼き色が付いたら、白ワインをふりかける。白ワインが煮詰まってきたらブロードを足す。途中肉をひっくり返すなどして詰め物にしっかり火が入るようにするⒷ、焼き上がり時にちょうど水分がなくなるようにする。

6 ソースを作る。小鍋に生クリームとブルーチーズを入れて溶かし、少し煮詰めてソースとする。

7 5が焼き上がったら鍋を取り出し、皿にじゃが芋、玉ねぎを皿にのせ、その上に筒切りにした鶏肉を盛り付ける。鶏肉の周りに6のソースを流し、クロカンテをのせ、柿のピューレ、ルーコラ・セルヴァティカの葉、くるみや洋梨、マイクロハーブなどを飾り付け、最後にオリーブオイルを軽くふる。

Ⓐ

Ⓑ

TRADIZIONALE
ストランゴラプレーティ
Strangolapreti

トレンティーノアルト・アディジェは、元々はオーストリアの領土で、第一次大戦後に北チロル（オーストリア）と南チロル（イタリア）に分断されてしまったところ。その影響は今にも残り、イタリア語ではなくドイツ語が標準語で話されており、料理もイタリア料理というより、ドイツの影響を受けたものが多いと感じました。このニョッキは、じゃが芋やかぼちゃを使う以前の、小麦粉（余ったパン）で作る時代のもの。この地域ではパンは一度に大量に焼いて長期間食べ続けますので、固くなったパンの再利用料理が作られます。ドイツで食べられているクネーデルの流れを汲む料理ともいえます。パンを湿らせる牛乳は、最初は少ないのではないかと心配しましたが、作ってみるとほんのりと湿った感じで、ちょうどいい水分量です。ビエトラは、現地では緑を表す数少ない野菜で、一年中手に入りますが、冬に使われることが多い食材です。

『Casita』秋田和則

材料（6〜8人分）

- ビエトラ（緑の部分のみ）… 500g
- 固くなったパン（小角切り）… 400g
- 卵 … 2個
- 小麦粉 … 少々
- 牛乳 … 250㎖
- 塩 … 適量
- バター … 150g
- サルヴィア … 適量
- トレンティーノ産グラナチーズ（すりおろし） … 適量
- トレンティーノ産グラナチーズ（スライス） … 適量

作り方

1. パンは容器に入れて牛乳をふりかける。パンの上に蓋を置き、その上に重石をして少なくとも8時間置く。（Ⓐは8時間置いたもの）
2. 塩少々をした湯でビエトラの葉を茹で、水きりをして軽く絞っておく。
3. **2**が冷めたら**1**のパンを加え、卵、塩を合わせて、よく混ぜ合わせる。
4. ムーランにかけ、台の上に落とす。やわらかめの生地ができるまでよく混ぜ合わせる（やわらかすぎるようなら、パン粉を加えて調整する）。
5. 生地を分けて、粉をつけた手で板の上で転がしながら直径1.5㎝ほどの棒状に成形し、切ってニョッキを作るⒷ。
6. たっぷりの塩をした水を入れた鍋を火にかけ、煮立ったらひとつずつニョッキを入れ、表面に浮いてくるまで待つ。
7. 5分後に穴あきレードルを使って湯から取り出し、皿に盛り、トレンティーノ産グラナチーズと、サルヴィアの葉で風味をつけたたっぷりのバターをかけるⒸ。混ぜてすぐにサービスする。

INTERPRETAZIONE

ドロミテ渓谷の雪解け
～クラウティを岸辺の薄い氷に見立てて～

再構築Tema 1 3

現地では、古くから伝えられるストランゴラプレーティが、今も食べられていることに注目しました。この土地の文化に敬意を評してレシピはほぼ変えず、現代を感じられる盛り付けにするため、リストランテ料理にしました。生地に練り込むのは、彩りのきれいなスイスチャードです。ニョッキに油脂をかけるのではなく、油脂の中でさっと揚げることで、新たな食感と風味を持たせつつも油分で皿を汚さず、洗練した印象を持たせます。また単調な味にならないよう、伝統料理では使わないズッキーニを用い、副菜としました。働いていた当時、この土地の人々は古き良き文化を守りながらも、新しいものを積極的に取り入れる気質を持っていると感じました。そこで伝統料理には入らない食材を、伝統的な料理の組み合わせと融合させることで、私のこの州への印象を料理で表現しました。またこの地方の記憶として、ライ麦やナッツの香りが残っていますので、それを私なりに取り入れ、よく使っていたポピーシードを煎り、ナッティーな香りを立たせてあしらいました。

『Casita』秋田和則

材料

ストランゴラプレーティ（91ページ参照）
　　　　　　　　　　　　　　… 6g×6

E.X.V.オリーブオイル … 適量
ピーナッツオイル … 適量
トレンティーノ産グラナチーズ
　　　　　　　　（すりおろし）… 適量
セージを揚げて細かく砕いたもの … 適量

A 緑ズッキーニ（1/10スライス）… 3枚
　　黄ズッキーニ（1/10スライス）… 3枚
　　グラナとリコッタのクレマ
　　（リコッタとトレンティーノグラナを2対1で合わせ、
　　レモン汁、塩、胡椒を加えたもの）… 15g

B スイスチャード（赤・中サイズ）… 1枚
　　スイスチャード（黄・中サイズ）… 1枚
　　塩・胡椒 … 各適量

塩 … 適量
サルヴィア（揚げたもの）… 4枚
ザワークラウティ … 15g
トレンティーノ産グラナチーズ（スライス）
　　　　　　　　　　　　　　　… 適量
ポピーシード（煎ったもの）… 適量

作り方

1. **A**を用意する。ズッキーニは、1％の塩を加えた湯で茹で、すぐに水に取り、色を止める。ペーパーで水けをよく拭いたら軽く塩を当て、黄ズッキーニを外側にして緑ズッキーニと重ねて丸め、底辺をカットして3種類の高さのものを作る。それぞれの中にクレマを詰めて、冷蔵庫で保存する。

2. **B**を用意する。スイスチャードはそれぞれ1％の塩湯に落とし、すぐに氷水に取って色止めする。ペーパーで水けをきったら、それぞれを円柱状に巻いておく。

3. ストランゴラプレーティは1％の塩湯でさっと火を通し、オリーブオイルにくぐらせておく。

4. **2**は塩、胡椒をしてオーブンで温める。

5. **3**はオリーブオイルとピーナッツオイルを合わせて温めた中に入れ、短時間で揚げたら **A**、取り出してバットに広げたトレンティーノ産グラナチーズに落とし、転がしてまんべんなくチーズをまとわせる **B**。

6. 皿に冷たい**1**を盛り付けてオリーブオイルをたらし、**5**と**4**も盛り付け、揚げたサルヴィアとスライスをしたトレンティーノ産グラナチーズを飾る。

7. 温めたザワークラウティを写真のようにちらし、周りに煎ったポピーシードをあしらってナッティーな香りを立たせる。

TRADIZIONALE

トレンティーノ風マス
Trotelle alla trentina

トレンティーノ－アルト・アディジェは、アルプスの山中に位置しており、北部を中心に気候は夏涼しく冬は厳しい寒さのところ。海の無い州のため、魚は川魚が食べられており、マスを使った料理も多く見られます。この料理はカルピオーネで、魚を揚げ焼きにして、ワインビネガーをきかせた液体に漬け込みます。この料理が生まれた当初は、長い冬場に食材を持たせるための知恵から生まれた、保存のための料理だったでしょう。ただ、郷土料理として人々の間に伝えられていくうちに、味にも魅力を持たせるために、酸味にサルタナレーズンや炒めた玉ねぎの甘みとうま味を加えることで単調な味わいになることを防ぎ、食べ飽きない味わいなったのではないでしょうか。

『Casita』秋田和則

材料 (6人分)

マス … 小6尾
小麦粉 … 少々
サルタナレーズン … 100g
イタリアンパセリ … 100g
オリーブオイル・揚げ物用のオイル
　　　　　　　　　　　　… 各適量
にんにく … 1片
白ワインビネガー … 500㎖
ミントの葉 … 数枚
オレンジ … 1個
レモン … 2個
玉ねぎ (薄切り) … 1個分
サルヴィア … 適量
ローズマリー … 適量
塩 … 適量

作り方

1　マスは下処理し、洗って水けを拭いたら、火が通りやすいように庖丁で切れ目を入れ、粉をはたいておく。

2　たっぷりの油を入れた揚げ物用のフライパンを火にかけ、ローズマリーの小枝とサルヴィアの葉数枚を入れ、油が熱くなったら1のマスを並べ、両面を焼くⒶ。

3　火が通り焼き色がついたらすぐに火からおろして塩をし、魚を一層に置くのに丁度良い大きさのテラコッタの容器または耐熱皿に並べる。

4　最高でも15分間、サルタナレーズンをぬるま湯でやわらかくする。イタリアンパセリをよく洗い、にんにくと共に細かく刻む。

5　オリーブオイル半カップと玉ねぎを入れた、アルミニウムではない平鍋を火にかける。弱火で炒め、色が付いてきたら、すぐに4、ミントの葉、白ワインビネガー、オレンジとレモンの皮のすりおろしたものを加える。

6　5分間煮立て、全てを3のマスの上に注ぐ。蓋をして中身が冷めたら冷蔵庫に入れて24時間置く。

7　サービス時には、小マスの液を切って皿に盛り付ける。皮をむいて非常に薄く切ったレモンを魚の上に並べる。

Ⓐ

INTERPRETAZIONE

早春の緩やかなアディジェ河

再構築Tema 13

冷蔵庫のない時代から作られていたこの料理の、酸味と甘みのバランスに着目しました。うま味、甘み、塩味をつなぐ役目として、酸味は重要です。味わいに厚みと奥行きを生み、少量で食欲を高め次の料理を期待させる効果もあります。そこで量を少なくした方が現代版はより引き立つと考え、アミューズで再構築しました。伝統料理にインスピレーションを受け、それに使われる材料を用いることで、郷土料理への敬意も表現しています。北海道の樺太マスを、生食感の好きな日本人向けにあえて火を入れず、マリネして冷凍をかけました。万が一の寄生虫予防のためでもあります。伝統技法では、甘い素材の入った酸味のある液体を揚げた魚にかけて味を染み込ませます。その発想を逆転し、アミューズとして完結した味にするため、酸味のある液体を材料ごと全部回してゼラチンを加え、それらで逆に魚をコーティングしました。また伝統料理では料理に含まれる要素を、エアレーションの軽い泡やエスプーマ、パウダー、ピューレと形を変えてソース代わりにしました。

『Casita』秋田和則

材料

樺太マスのマリネ（下記参照）… 20g
コーティング用の液体（下記参照）… 適量
イタリアンパセリとにんにくのピューレ（下記参照）
　　　　　　　　　　　　　　… 適量

サルタナレーズンのエスプーマ（下記参照）… 適量

レモンオイルのパウダー（下記参照）… 適量
オレンジオイルのパウダー（下記参照）… 適量

マスコ … 3粒
クレソン … 適量
ミントの泡（下記参照）… 適量

作り方

1. 冷凍しておいた樺太マスのマリネを取り出し、ピンセットを使って、適温にしたコーティング用の液体に、まず一度浸け、表面が固まったらもう一度浸けてコーティングする。

2. 皿にイタリアンパセリとにんにくのピューレ、サルタナレーズンのエスプーマ、レモンオイルのパウダー、オレンジオイルのパウダー、マスコ、小さく摘み取った新鮮なクレソンを写真のように飾る。1を盛り付け、ミントの泡を添える。

La cucina dell'italia settentrionale

◆樺太マスのマリネ

材料（8人分）
樺太マス … 160g
ディル（みじん切り）… 2g
A（塩3に対しカソナード7）
　　　　　　　… マスの3％量

作り方

1. マスは掃除して三枚におろし、皮をひく。脱水シートに約1時間かけて冷蔵庫に置く。
2. 1を取り出し、Aとディルを両面にまんべんなくすり込み、一晩置く。
3. 表面に浮いた水分をペーパーで拭き取り、5mm角にカットし、20gずつラップに包んで冷凍庫で冷やし固める（あればブラストチラーなどで急速冷凍する）。その後、ラップをかまないよう注意深く取り除き、真空袋に入れて再び24時間冷凍する。

◆カルピオーネの液体

材料（作りやすい分量）
白ワインビネガー … 500g
水 … 500g
砂糖 … 100g
塩 … 20g
タカノツメ … 3本
粒白胡椒 … 適量
タイム … 2枝
月桂樹の葉 … 3枚
ジネープロ … 少々
パセリの茎 … 少々
にんにく … 2片
クローブ … 少々

作り方

材料をすべて鍋に入れて火にかけ、一度沸騰させたら、そのまま常温で粗熱が取れるまで冷まし、完全に冷めたら漉す。

◆コーティング用液体

材料（作りやすい分量）
E.X.V.オリーブオイル … 適量
玉ねぎ（スライス）… 500g
カルピオーネの液体（左参照）… 500g
塩 … 適量
水 … 125g
サルタナレーズン（お湯で戻したもの）
　　　　　　　… 85g
ゼラチン … 上記を漉したものの3％量

作り方

1. 玉ねぎは鍋に入れ、オリーブオイルでソテーする。下味程度に塩をし、蓋をして汗をかかせるようにして甘みをしっかり出す。色は付けないよう注意する。
2. やわらかくなったら、カルピオーネの液体と水を加える。
3. 沸騰させて玉ねぎに充分火が入ったら、サルタナレーズンを加えてミキサーで回し、目の細かいシノワで漉す。
4. 3を再び沸かし、戻しておいたゼラチンを加えて漉す。

◆サルタナレーズンのエスプーマ

材料
サルタナレーズンのピューレ
（サルタナレーズン300g、水600g）
　　　　　　　… 460g
ゼラチン … 9.2g
亜酸化窒素 … 適量

作り方

1. サルタナレーズンのピューレを作る。レーズンを水で一晩戻し、ミキサーにかけ、裏漉しする。
2. 1を鍋でひと煮立ちさせ、その2％のゼラチンを加える。
3. しっかり冷ましてからエスプーマボトルに入れ亜酸化窒素をセットする。

◆イタリアンパセリとにんにくのピューレ

材料
イタリアンパセリ … 40g
にんにく … 10g
水 … 15ml
E.X.V.オリーブオイル … 5ml
塩 … 1g

作り方

1. イタリアンパセリは、1％の塩湯でさっとボイルして軽く水けをきる。
2. にんにくは芯を取り除き、牛乳で2度茹でこぼす。
3. 1、2と残りの材料をミキサーで回し、漉す。

◆オリーブオイルパウダー（2種）

材料
オレンジオイル … 30g
レモンオイル … 30g
マルトセック … 20g×2

作り方

オレンジとレモンのオイルは、それぞれマルトセックと合わせ、ザルで漉して冷凍庫で凍らせる。

◆ミント風味の泡

材料
ミントの葉 … 2g
水 … 30g
レシチン … 上記を漉したものの3％量

作り方

1. ミントの葉と水をミキサーにかけてよく回し、目の細かいシノワで漉す。
2. 1にレシチンを加えてよく混ぜ合わせ、エアレーションで泡を作る。

TRADIZIONALE

Friuli-Venezia Giulia
トリエステ風オフェッレ
Ofelle alla triestina

オフェッレとは、聞き慣れない料理名です。いろいろと調べてみると、ロンバルディアの木の葉型の伝統菓子しか見つかりません。しかし材料を見ると、じゃが芋と小麦粉を使うパスタでニョッキのような生地。それに詰め物があります。それを見て、1980年代に料理視察でイタリアに行った時、「詰め物のニョッキがある」と聞いたことを思い出し、ニョッキでも詰め物をしたりできるのだと思い直しました。詰め物には挽き肉にサルシッチャ、仕上げにはパルミジャーノと溶かしバターと、ハイカロリーな料理です。冬が厳しいトリエステならではの料理と言えるかもしれません。

『TRATTORIA ARCI-GOLA』村山雅彦

材料（4人分）

パスタ生地
じゃが芋 … 1kg
小麦粉 … 約200g
卵 … 1個
ベーキングパウダー … 小さじ1
塩 … 少々

詰め物
ほうれん草 … 500g
仔牛挽き肉 … 150g
サルシッチャ … 100g
バター … 約30g
玉ねぎ（みじん切り）… 1個分
塩 … 適量

バター … 約100g
パルミジャーノ（すりおろし）… 適量

作り方

1 じゃが芋は塩茹でにし、皮をむいてポテトマッシャーにかける。

2 **1**に全卵、塩、ベーキングパウダーと、ニョッキに丁度良い生地の固さに適量の小麦粉を加える。よくこね、薄くのばす。

3 詰め物を作る。洗っている間についた水だけでほうれん草を茹でる。

4 茹で上がったらすぐに水けを絞って刻み、ボールにとってバラバラにしたサルシッチャ、仔牛肉と塩を入れる。

5 バターを入れた平鍋を火にかけ、玉ねぎを合わせ、色付くように炒め、次に**4**を加え、焦げつかないように時々かき混ぜながら煮る。

6 **2**の生地と**5**の詰め物で、1片が7cmの正方形のラヴィオリを形作る❹。

7 水またはブロードに入れて茹で、取り出してから溶かしバターを流し❺、パルミジャーノをふる。

❹

❺

INTERPRETAZIONE

ニョッキのオープンラヴィオリ モンタージオのソース

再構築 Tema 1

伝統料理は、1辺が7cmもあるラヴィオリです。ボリュームが多く、カロリーの高い食材を使っているため、この一皿でお腹一杯になってしまいます。この料理を、リストランテのコースでパスタ2品のうちの1品として出せるよう、量は半分で、見栄えがいいようにと、材料は変えずに要素を分解して再構築する方向で盛り付けを工夫しました。単純に小さくしたラヴィオリでは、日本の"お焼き"のようになってしまいますので、生地で包まずオープンラヴィオリのスタイルにします。これだと分量を減らしながらも、見た目に映える料理になります。仕上げはバターとパルミジャーノに代えて、生クリームとチーズのソースで軽さを出しました。フリウリ名産の、モンタージオというチーズをソースに使いました。

『TRATTORIA ARCI-GOLA』村山雅彦

材料（4人分）

パスタ生地（99ページ参照）

詰め物（99ページ参照）

グリーンアスパラ … 8本

パルミジャーノ（すりおろし）… 適量

生クリーム … 50㎖

モンタージオチーズ … 50g

作り方

1 99ページの要領で生地をこね、薄くのばしたら、直径5cmのセルクルで丸く抜く❶。

2 99ページの要領で、詰め物を作る。

3 たっぷりの湯に塩を入れ、1の生地を茹でる。下処理をしたグリーンアスパラも入れる。どちらも茹で上がったら水けをきる。

4 皿に3のグリーンアスパラをのせたら、3のパスタと2の詰め物を重ねて盛り付ける❷。パルミジャーノをふる。

5 鍋で生クリームを煮詰め、モンタージオチーズを加えてソースを作り、4に流しかける❸。

TRADIZIONALE

トリエステ風クモガニ
Granzevola alla triestina

クモガニの料理といえば、一般にはヴェネツィアの料理がよく知られています。そしてヴェネツィア湾を挟んだ隣の州のトリエステにも、クモガニを使った伝統料理があります。どちらも同じく、茹でたクモガニのほぐし身を使います。ヴェネツィア風がイタリアンパセリとレモンを加えてサラダ感覚で楽しむのに対して、トリエステ風はにんにくやパン粉を入れ、オーブンでしっかり焼き上げるところが特徴でしょうか。仕上げに加熱する分、トリエステ風の方が香り高く、食べ飽きない料理だと思います。

『TRATTORIA ARCI-GOLA』村山雅彦

材料（4人分）

クモガニ … 4杯
にんにく（みじん切り）… 2〜3片分
イタリアンパセリ（みじん切り）… ひとつかみ
レモン … 1個
パン粉 … 適量
オリーブオイル … 適量
塩・胡椒 … 各適量

作り方

1 クモガニは冷水に取り、幾度も水を換えながら3時間置いておく。

2 1のカニは殻を外し、中にあるもの、汁も含めて全て取り出す。身を刻み、出来たものを汁と共に大き目のボールにとっておく。殻は取っておく。

3 イタリアンパセリとにんにくを2に入れ、塩、胡椒をし、オイル、パン粉、レモン汁を合わせる。丁寧に混ぜ合わせる。

4 3を2のクモガニの殻に入れ、表面にパン粉をふりかける。

5 170℃のオーブンに入れ、約30分間焼く。

6 熱いうちに器に盛り、サービスする。

INTERPRETAZIONE

ズワイガニとキャヴィア サラダ仕立て

再構築Tema 2

この料理の主材料であるクモガニは、日本では入手が難しい食材です。しかし日本には美味しいカニがシーズンでいろいろと楽しめますので、地元で秋のシーズンに簡単に手に入るズワイガニを使い、軽い味わいに仕上げました。ズワイガニを使うに当たっては、トリエステ風のように仕上げに加熱したくないということでした。焼かない方が美味しいからです。しかしそれでは、トリエステ風というよりはヴェネツィア風になってしまいます。そこで、多めのオイルで揚げ焼きにした香ばしいパンを添えることで、オーブンで加熱したニュアンスを料理に付けました。甘いカニの身に合わせて、フルーティーなマンゴーのピューレをソースにしています。

『TRATTORIA ARCI-GOLA』村山雅彦

材料（4人分）

ズワイガニの足 … むき身で200g
キャヴィア … 30g
セロリ（せん切り）… 20g
パンの白い部分
（きつね色に乾煎りしておく）… 適量
塩・胡椒 … 各適量

パン（薄切り）… 適量
オリーブオイル … 適量

季節の野菜・フルーツ … 各適量
マンゴーのピューレ … 適量

作り方

1 ズワイガニは、殻から身を取り出しておく。殻は洗って取っておく。

2 ズワイガニは身をほぐし、キャヴィア、セロリ、パンの白い部分とともにボールで和える **A**。

3 2は塩、胡椒で味を調えたら、1のズワイガニの殻に盛り付ける **B**。

4 パンは多めのオリーブオイルで揚げるようにして焼く。

5 皿に3と4を盛り付け、季節の野菜とフルーツを添え、マンゴーのピューレをかける。

La cucina dell'italia settentrionale

TRADIZIONALE

チャルソンズ
Cialzons

104

生ハムで有名なサン・ダニエーレの北に位置する、山裾の細長い町・カルニア。豊かな自然と歴史を持つこの町のパスタとして知られるチャルソンズは、一風変わっていて非常に個性的です。レシピでは「cialzons」と書かれていますが、方言で「cjarsons」とも書かれるようです。ラヴィオリの一種で、餃子のような形をしています。そして詰め物。シナモンのほか、サルタナレーズンやチョコレートも入ります。そして仕上げにはリコッタ・アフミカータが使われます。甘くて塩っぱい味わいで、アンニュイなところがあり、一度食べるとクセになる味です。元々は、この地域の非常に貧しい庶民料理だったそうですが、1970年代にカルニア料理シェフのジャンニ・コセッティ氏によって見出され、レストランで出される洗練されたメニューとして紹介され、伝えられてきました。現地にはチャルソンズ協会もあるほどで、名物パスタとして知られています。

『Cucina Jita』藤田 博

材料（4人分）

パスタ生地
小麦粉 … 約400g
卵 … 4個

詰め物
ほうれん草 … 500g
板チョコ … 50g
サルタナレーズン … 50g
チェードロの砂糖漬け … 50g
固くなった黒パン（ライ麦） … 2個分
卵 … 1個
砂糖 … 大さじ1
イタリアンパセリ … ひとつかみ
シナモンパウダー … ひとつまみ
塩 … 適量

バター … 100g
リコッタ・アフミカータ … 適量
カルニアチーズ（ストラヴェッキョ。好みで）
砂糖（好みで）

作り方

1 ぬるま湯にレーズンを漬けてやわらかくしておく。

2 ほうれん草を汚れを落としてよく洗い、その時についた水だけで、イタリアンパセリと共に茹でる。煮えたら、よく絞って刻む。

3 ボールに入れて、崩したライ麦パン1〜2個、パルミジャーノ、絞って水分を除いた**1**、刻んだチェードロ、シナモンを合わせる。

4 カップに卵黄と砂糖を溶き、よく泡立てたら**3**に加え、**2**も合わせて混ぜ込み、詰め物とする。

5 パスタを作る。通常の方法で生地を作り、薄くのばし（タリアテッレの要領で）、そこから多くの円形生地を作る。

6 それぞれに、準備した詰め物少々を置く。中身をよく閉じるために巻き込み用の端を残して円形を半分に折る。この折り目は≪チャルソンズ≫の特徴でもある **A**。

7 沸騰させた湯に塩を加え、**5**を茹でる。

8 パスタが湯面に上がってきたら穴開きレードルで取り出し、耐熱皿に入れ、それぞれの層をリコッタで和える。

9 最後に溶かしバターと、もし望むのならば砂糖をふり、カルニアチーズをふりかける。

A

INTERPRETAZIONE

ピーナッツのアニョロッティのドルチェ

再構築Tema 2 3

「甘くて塩っぱい」というチャルソンズ独特の味のニュアンスにインスピレーションを受けて、地元・神奈川の食材も使いながら、プリモピアットではなくドルチェとして再構築しました。詰め物は伝統料理に使われている素材に加えて、丹沢の栗を渋皮煮にして組み合わせ、カスタードクリームを足してドルチェの味わいに近づけました。詰める際は、チャルソンズの餃子のような形ではドルチェのイメージが出ませんので、「形がユニーク」というエッセンスは受け継ぎ、ドルチェの印象により近いキャンディー型に形を変えて詰めました。さらに、甘さを出したパスタだけではドルチェとしての要素が物足りないと感じましたので、地元産の落花生と卵でプリンを作ってドルチェの食感という要素を加え、カルニアチーズで作ったカップに入れることで、甘くて塩っぱいチャルソンズの味のニュアンスを崩さないようにしました。

『Cucina Jita』藤田 博

材料（4人分）

パスタ生地（白）
薄力粉 … 100g
水 … 50㎖
塩 … ひとつまみ

パスタ生地（赤）
薄力粉 … 100g
ビーツの絞り汁 … 20㎖
水 … 30㎖
塩 … ひとつまみ

詰め物
レーズン（みじん切り）… 20g
板チョコ（粗く削ったもの）… 10g
チェードロ（みじん切り）… 10g
栗渋皮煮（みじん切り）… 50g
カスタードクリーム … 60㎖
ローストピーナッツ（みじん切り）… 20g
ほうれん草（みじん切り）… 100g
ライ麦パン粉 … ひとつかみ
リコッタ・アフミカータ … 30g
シナモン … 適量
塩 … 適量

湘南名物落花生のプリン
生落花生 … 500g
牛乳 … 500㎖
湘南フェニックスの卵黄 … 4個分
湘南フェニックスの卵 … 1個
グラニュー糖 … 115g
バニラビーンズ … 1/2本

カルニアチーズ
（ストラヴェッキョ。すりおろし）… 60g

カスタードクリーム … 1/2カップ
無糖ピーナッツペースト … 1/2カップ
栗渋皮煮（裏漉し）… 4個分

湘南ポークベーコン（スライス）… 4枚

バター … 大さじ4

シナモン（パウダー）… 適量
粉糖 … 適量
季節のハーブ … 適量
季節のエディブルフラワー … 適量
ミントの葉 … 適量
ローストピーナッツ（砕いたもの）… 適量

作り方

1 パスタ生地を作る。赤白の材料をそれぞれボールで合わせてこね、休ませてから薄くのばし、赤白のストライプになるように置いて1mm厚さにのばし、4cm×6cmにカットしておく。

2 詰め物を作る。材料全てをボールで混ぜ合わせ、塩で味を調える。

3 1の生地を広げて2の詰め物をのせ、端をつまんでキャンディー形に成形し、1時間ほど休ませる❶。

4 落花生のプリンを作る。渋皮をむいた生落花生と牛乳をミキサーにかけて裏漉し、鍋に移してバニラビーンズを入れ、80℃で15分保温してから裏漉しにかける。500㎖分使用する。

5 ボールに卵とグラニュー糖を入れ白っぽくなるまで合わせたら、4を加え、2回漉してプリンカップに注ぐ。

6 湯せんにかけ、120℃のオーブンで20分、100℃に落として80分加熱し、オーブンから出して湯せんのまま40分ほど置いて粗熱を取り、冷蔵庫で冷やす。

7 カルニアチーズのチーズカップを作る。クッキングシートにストラヴェッキオを広げ、600wのレンジで40秒加熱し、溶けたらシートのままカップに乗せて成形し、冷ましておく。

8 ベーコンはクッキングシートにのせ、140℃のオーブンで20分ほど、カリカリに焼く。

9 沸騰した湯に塩を入れ、3のパスタを茹でる。2分ほど茹でたら、取り出して水けをきり、バターを溶かしたフライパンに入れてからめる。

10 皿に7をシートから外してのせ、その中に6のプリンを入れる❷。カスタードクリームにピーナッツペーストと裏漉しした栗の渋皮煮を合わせたクリームを絞り袋で絞り、その上に9のパスタを盛る❸。

11 8のベーコンを添え、シナモンパウダー、粉糖をふる。ハーブとエディブルフラワーを飾る。10で絞り袋に入れたクリームを皿に直線状に絞り、その上にローストピーナッツをちらす。

TRADIZIONALE

フリーコ
Frico

州の名物料理のフリーコは、玉ねぎを炒めた中にチーズを入れてお好み焼きのような厚みにするスタイルもあれば、チーズだけを薄焼きにしたチャルダのようなスタイルもあります。ここでの料理は前者のスタイルです。今回の材料にはじゃが芋の表記がなかったのですが、伝統的なフリーコにもじゃが芋を入れるものがありますので、じゃが芋を入れてもいいでしょう。チーズはカルニアチーズ（ストラヴェッキョ）を使います。フライパンで形づくる間に油が出てきますので、それをキッチンペーパーで吸い取りながら焼くのがポイントです。

『Cucina Jita』藤田 博

材料（8人分）

脂肪分の少ないチーズ（極薄切り）… 200g
カルニアチーズ（ストラヴェッキョ。極薄切り）… 1000g
バター … 100g
玉ねぎ（薄切り）… 1個分
塩・胡椒 … 各適量

作り方

1. 揚げ物用のフライパンにバターを入れ、玉ねぎをゆっくりと炒める。色が付かず白くやわらかくなるように、ゆっくりと加熱する。
2. 全てのチーズ（長期熟成のチーズならば塩辛くない）、塩、胡椒を加える。
3. チーズが溶けて、カリッとしたフリッタータのようになるまで焼く。
4. 吸油紙に取った後、皿に盛り付けてサービスする。

INTERPRETAZIONE

La cucina dell'italia settentrionale

季節のフルーツの
フリッタータ
（湘南のスペチャリタ）

再構築Tema 2 3

作りたてのフリーコは、もちもちして、日本の搗きたての餅のようです。しかし日本人にはボリュームが多すぎて、前菜でも重いと感じます。そこで、逆に食事の一番最後に食べるドルチェとして、こちらも再構築しました。フリーコの材料であるじゃが芋は、大地のりんごとも呼ばれます。そこからひねって、りんごに似た木の実で、梨を使いました。梨とチーズも相性が良く、合わせやすいフルーツです。梨をソテーしてカルニア産チーズを溶かし込み、フリーコのような丸形にしたものを、スライスした梨で囲みます。塩けとして、塩キャラメルソースと、パルミジャーノのチャルダを添えます。

『Cucina Jita』藤田 博

材料（4人分）

湘南産梨または季節のフルーツ（スライス）…2個分
バター…50g
カルニアチーズ（ストラヴェッキョ。すりおろし）…200g
砂糖…20g
塩…適量

塩キャラメルソース
グラニュー糖…100g
生クリーム…150㎖
相模湾産塩…20g

パルミジャーノ（すりおろし）…適量

梨（枠用。スライス）…1個分
バニラアイス…適量
秦野産食用カーネーション…適量
粉糖…適量
ミントの葉…適量

作り方

1 シガー状のチャルダを作る。パルミジャーノはオーブンシートをしいた天板にのせてオーブンに入れ、溶けたら菜箸に巻き付けて菜箸を抜き、置いておく。

2 塩キャラメルソースを作る。フライパンにグラニュー糖を入れて加熱し、黒く色付いてきたら生クリームを加え、煮詰める。とろみが出たら、塩で味を調えておく。

3 鍋にバターを溶かし、梨を入れて炒める。しんなりしたら砂糖、カルニアチーズを加えてからめ、塩で味を調えて丸型に詰める。

4 3の型を抜いて皿に盛り、その壁面にスライスした枠用の梨を貼り付ける。上にバニラアイスをのせ、1のチャルダを添える。2のソースをちらし、粉糖をふる。食用カーネーションとミントの葉を飾る。

TRADIZIONALE
Emilia-Romagna
ピアチェンツァ風お米のボンバ
Bomba di riso alla piacentina

この料理はエミリア−ロマーニャ州・ピアチェンツァの伝統的な料理で、毎年8月15日に行われるマドンナの市のためのものです。私は修業時代の1990年頃エミリア−ロマーニャ州で過ごしましたが、これは初めて知る料理です。大勢で取り分けるためのパーティ料理で、日本食に例えると焼きおにぎりのような素朴な味わいです。お米の中央には鳩肉を入れます。地域によっては茸を合わせたり、鶏の内臓や胸腺、またはトリュフを入れたりするところもあるそうです。作り方の特徴としては、炒めた玉ねぎを取り除くことでしょうか。香りのみを移す目的、または水分が出ることを避けてのレシピと考えられます。

『La Bilancia』柿田将宏

材料（6人分）

米 … 500g
玉ねぎ … 1/2個
バター … 約100g
若鳩 … 1羽
卵 … 2個
辛口白ワイン … 大さじ2
トマトソース … 大さじ1
パルミジャーノ（すりおろし）… 大さじ3〜4
パン粉 … 少々
サルヴィア … 4枚
塩 … 適量
胡椒 … ひとつまみ

作り方

1 鳩の羽毛をとって汚れを落とし、丁寧に洗って、切って骨を取り除く。

2 大きめに切った玉ねぎとバター50gを鍋に入れ、火にかける。色がついたら取り除き、ぶつ切りにした鳩を入れて炒める**A**。

3 辛口白ワインを注ぎ、カップ半杯の水で溶いたトマトソース、サルヴィアの葉、塩と胡椒を加え、弱火で煮込む。

4 たっぷりの塩をした湯で、約8分間米を茹で（半煮え状態）、火から下ろして、冷水をレードル数杯入れ、水きりをする。

5 大きめのボールに入れ、3の煮汁、卵、パルミジャーノとクルミ大のバターで味を付ける**B**。

6 円形の型にバターをぬってパン粉をちらし、米を底と内側にしき詰め、中央に窪みをつけて、3の鳩のぶつ切りを入れる。残りの米で覆う**C**。

7 表面を平らにし、パン粉をちらし、そこにバターの塊をちらす。中火のオーブン（170℃）に入れて、表面がきれいなきつね色になるまで焼く。

8 オーブンから取り出し、10分間冷まし、次にサービス用の皿に開けて、サービスする。

INTERPRETAZIONE

鳩肉を詰めたお米のオーブン焼き

再構築 Tema 1

素朴な料理だけにどうアレンジするか試行錯誤し、セルクルに入れたり、米と鳩肉を分けてミルフィーユ状にしたり、日本の焼きおにぎり風にしたりと試しました。その結果、メニュー名の「ボンバ」＝爆弾の意味を活かす必要性を感じ、伝統的な鳩肉を中央に詰めるスタイルは受け継ぐことにしてアレンジ。現代的なリストランテ料理に再構築すべく、ボリュームを1人前の皿盛りに合う直径7cmのドーム型にリサイズしました。そして、メインディッシュとして映えるよう、鳩のモモ肉を添え、野菜やソースをあしらって料理自体の存在感が出るよう意識しました。

『La Bilancia』柿田将宏

材料（6人分）

「ピアチェンツァ風お米のボンバ」
　　　　　（111ページ参照）… 6人分

バター … 適量
パン粉 … 適量

若鳩骨付きモモ肉 … 6本
鳩のソース … 適量
葉野菜（ベビーリーフなど）… 適量
バルサミコ酢 … 適量

作り方

1. 111ページ1〜5の要領で、「ピアチェンツァ風お米のボンバ」を炊き上げる。
2. シリコン製で直径7cmのドーム型を6個用意する。それぞれ型の内側にバターをぬって、パン粉をしっかりちらし、1の米を底と側面に貼りつけるイメージできっちりしき詰める。
3. 中央をくぼませて6等分した1の鳩肉を入れ、残りの米で覆う❶。表面を平らにし、パン粉をまぶしてバターの塊をちらす。
4. 型ごと湯せんにかけ、170℃のオーブンで50〜60分ほど焼き、表面にきれいなきつね色をつけたら、冷ますか型ごと水につけて中身を取り出す。
5. 型から取り出したらオーブンシートにのせ、再度170℃のオーブンに20分間入れる。表面がカリッと焼ければ取り出す❷。
6. 皿に盛り、ソテーした骨付きの鳩モモ肉を添え、鳩の骨や玉ねぎで取っただしに水を加え、煮詰めたソースをかける。葉野菜を添え、周りにバルサミコ酢を煮詰めたソースを飾る。

TRADIZIONALE

豚ロースの蒸し煮
Braciole di maiale a ⟨vapore⟩

地域に関わらず、イタリアで定番の家庭料理の一品で、材料も作り方も非常にシンプル。オーブンから取り出して耐熱皿でそのまますぐにサーブする料理です。豚ロース肉ににんにくやハーブの香りを移しながら白ワインで蒸し煮にします。たっぷりの白ワインがソース状に煮詰まるまでオーブンに入れるのが目安。今回は豚ロースですが、鶏肉や鴨肉でも同じように蒸し煮して調理することがあります。

『La Bilancia』柿田将宏

材料 (8人分)

- 豚ロース肉 … 4枚
- 辛口白ワイン … 1カップ
- オリーブオイル … 30㎖
- サルヴィア … 4枚
- ローズマリー … 2枝
- にんにく … 2片
- 塩・胡椒 … 各適量

作り方

1. ロース肉は軽く叩いておく。サルヴィア、ローズマリーの枝、にんにくも軽く叩いておく。
2. **1**の豚肉に塩、胡椒し、**1**の香草をまぶす。
3. 耐熱皿にオイルをしいた上に**1**の肉を置き、白ワインと表面を覆う程度の水を入れる ⓐ。
4. 190℃のオーブンに入れ、煮詰まってソースになるまで入れておく。すぐにサービスする。

Ⓐ

INTERPRETAZIONE

豚ロースの香草ワイン蒸し

再構築Tema 1

La cucina dell'italia settentrionale

家庭的な料理を、現代的なリストランテ風にアレンジしました。白ワインを日本酒に置き変えて酒蒸しにもしましたが、香りが強く伝統料理のベースから味の印象がかけ離れてしまうため、元のレシピの味わいを活かして、盛り付けで洗練された印象に仕上げました。長方形の皿に、同じく長方形にカットした主役の豚ロースを盛り付けます。そのシンプルな味を活かすよう、添える野菜もさつま芋やかぼちゃなど、季節の優しい風味の素材で構成。ピューレやソースを豚ロース肉と平行に、規則的に流すことで視覚的にも現代風に演出しました。

『La Bilancia』柿田将宏

材料（4人分）

「豚ロースの蒸し煮」(左ページ参照) … 4人分

皮付きさつま芋のレモン風味 … 適量
そうめんかぼちゃのドレッシング和え … 適量
かぼちゃのグリル … 適量
かぼちゃのピューレ … 適量
バルサミコ酢 … 適量

作り方

1 左ページの要領で、「豚ロースの蒸し煮」を作る。

2 1の豚ロース肉を長方形にカットし、皿の中央に盛る。周りに皮付きさつま芋のレモン風味、茹でほぐしたそうめんかぼちゃをドレッシングで和えたもの、かぼちゃを素揚げしローズマリーやにんにくとともにグリルしたものを盛り付け、かぼちゃを裏漉しして生クリームを加えたピューレと、バルサミコ酢を煮詰めたソースを飾る。

TRADIZIONALE
鳩とマッケローニのパスティッチョ
Pasticcio di maccheroni coi piccioni

マッケローニをパイ生地で包んで焼いたこのパスティッチョは、エミリア-ロマーニャの伝統料理で、特にフェラーラがよく知られています。貴族料理の系譜を持つ料理で、お金持ちが多い同州ではこうした料理がもてはやされたのでしょう。鳩肉も同州をはじめ北の地域ではよく使われる食材で、鳩のマッケローニを使ったパスティッチョは、贅沢な料理として伝えられてきたのでしょう。この料理に用いるパイ生地は、砂糖を使った甘い生地です。現代では塩味のパイ生地を使うことが多いところを、古典的には甘い生地が使われ、レモンの皮で爽やかさを出しています。ただし、生地は甘くても、ジビエには甘い素材を合わせることが多いので、鳩の味わいとも相性が良く、思いのほか気になりません。

『PRESENTE Sugi』**杉岡憲敏**

材料（6人分）

マッケローニまたはマニケ … 500g
バター … 50g
煮た若い鳩（骨を抜きぶつ切りにしたもの）
　　　　　　　　　　　　　　… 500g
パルミジャーノ（すりおろし）… 大さじ3～4

パスタフロッラ生地

小麦粉（00タイプ）… 400g
バター … 200g
砂糖 … 70g
卵 … 4個
レモン … 半個
塩 … 適量

作り方

1 マッケローニは、塩を入れた湯に入れて途中まで茹で、水きりする。

2 **1**のパスタをボールに入れ、煮た鳩、パルミジャーノ、バターと和える❹。

3 左記材料で、パスタフロッラを作る。

4 **3**の生地の4分の3をのばし、円形で深く表面に模様のないパスティッチョの型にバター（分量外）をぬってしき詰める。

5 **4**に**2**を入れ❸、**4**の残りの生地を円形にのばし、型を覆い❻、二つの生地の端と端をよくつける。

6 **5**のフォークで表面のそこここに穴をあけ、約180℃に熱したオーブンに、表面がきつね色から茶色に均質に焼けるまで1時間以上入れる。

7 オーブンから取り出し、10分ほど置いてからサービスする。

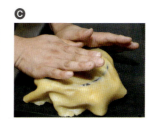

INTERPRETAZIONE

鳩とマッケローニのパスティッチョの再構築

再構築Tema 1

貴族料理の流れをくむ料理とはいえ、それをリストランテで出すにはアレンジが必要と考え、この料理を考えました。伝統料理では、甘いパイ生地に加えて、鳩のマッケローニにもたっぷりのバターとパルミジャーノが入り、非常に濃厚で重たい料理になっています。そこで現代風のアレンジでは、焼いた鳩の骨でブロードを取ってそれでパスタを茹でて味を入れ、鳩肉との一体感を高めます。鳩肉も、伝統料理では煮たものを使うのに対して、最初に軽く炒めて香りを出してから煮ています。パイ生地は配合は同じでも、そぼろ状にしたものを焼き、盛り付け時にのせることで、料理全体として軽さを出しました。パスティッチョのパイ生地の大きさに左右されることなく、リストランテのコースの一品として、ポーションを小さく盛り付けることもできます。

『PRESENTE Sugi』**杉岡憲敏**

材料（6人分）

マッケローニ … 60g
小鳩 … 2羽
玉ねぎ（みじん切り）… 2個分
バター … 適量
パルミジャーノ（すりおろし）… 適量
塩 … 適量
白ワイン … 適量
月桂樹の葉 … 1枚
水 … 1200㎖

パスタフロッラ生地

小麦粉00タイプ … 400g
バター … 200g
砂糖 … 70g
卵 … 4個
レモンの皮 … 1/2個分

パルミジャーノのチャルダ … 適量
ニラの花 … 適量

作り方

1 パスタフロッラ生地はボールで材料全てを合わせ、冷蔵庫でひと晩寝かせたら、常温に戻してパサテッリを作る要領でそぼろ状にし、170℃のオーブンで焼いておく。
2 マッケローニは、塩を加えた湯に入れて途中まで茹で、取り出して水けをきっておく。
3 玉ねぎは、オイルを熱した鍋で飴色になるまで炒めておく。
4 鳩はさばいて骨を外し、骨はオーブンで焼いておく。
5 4の鳩肉は、3とともにフライパンに入れ、ローリエを加えて軽く炒める。
6 鍋に4と5を入れ、水を加え、塩をして、弱火でアクを取りながら煮詰める❹。
7 肉に火が入ったら取り出し、少しほぐし、骨は取り出す。
8 7に2を入れて和え❺、バターとパルミジャーノを加えてさらに和える。
9 器に盛り付け、1の生地をかける。パルミジャーノのチャルダをのせ、ニラの花を飾る。

❹

❺

TRADIZIONALE

レッジョ風ブセッカ
Busecca alla reggiana

120

ブセッカとは、牛の第2胃のトリッパを使った料理のこと。トリッパを煮込んだ料理は、イタリア各地に名物料理があります。レッジョ風もその一つ。料理名のレッジョとは、現在はパルミジャーノの産地として知られるエミリア－ロマーニャ州のレッジョ・エミリアのことです。古いリチェッタでは下記材料欄にあるようにレッジョ産グラナチーズが書かれていますが、現在、レッジョ・エミリアはD.O.P.認定を受けたパルミジャーノの産地で、グラナチーズは入手できませんので、その代りにパルミジャーノの中でも昔の製法で作っているものを使いました。またトリッパを煮る際には、パルミジャーノ製造時に出た乳清を餌に与えた豚で作られる、同州名産のパルマハムも加えます。トリッパのトマト煮込みは、日本ではイタリア料理ブームの初期から知られた料理の一つですが、そうしたシンプルなトマト煮込みとは一線を画す、リッチな味わいの料理と言っていいでしょう。

『PRESENTE Sugi』杉岡憲敏

材料（4人分）

牛のトリッパ（ハチノス）… 1.2kg
パンチェッタ … 150g
玉ねぎ（みじん切り）… 中3個分
にんにく … 2片
バター … 75g
生ハムの赤身部分（さいの目切り）… 75g
トマトソース … 大さじ1
レッジョ産グラナチーズ（すりおろし）
　　　　　　　　　　　　　　… 適量

作り方

1 トリッパを流水で幾度も丁寧にゆすぎ、約1cm幅のリボン状に切る。

2 パンチェッタ、玉ねぎ、にんにくを平鍋に入れ、バターをあわせてよく炒め、そこに1のトリッパ、トマトソース、塩、胡椒、香辛料、トリッパを覆うのに充分な水を入れる。

3 木べらで、丁寧にかき混ぜながら1時間煮込み、生ハムを加え❶、トリッパは底に焦げつきやすいので、充分に注意をしながら、弱火で煮上げる。

4 チーズをたっぷりとふりかけながら混ぜたら❷、熱いうちにサービスする。

INTERPRETAZIONE
Sugiスタイルのブセッカ

再構築Tema 1 2 3

122

この料理は、最初、地元の食材でアレンジしてみようと思い、千葉の八千代牛のトリッパを仕入れました。その仕入れの際、肉屋さんに「トリッパは新鮮なものなら、臭いは洗えば落ちる」と教わり、そこからアレンジの方向が変わりました。トリッパなどの内臓類は、新鮮なものは入手が困難で、多くの場合冷凍ものを使います。そのため、何度も煮こぼさないと臭いが取れませんでした。しかし鮮度の高い物を使うと、冷凍のものより下茹で時間は半分ほどで済みます。内臓類はゼラチン質に富む部位で、下茹でが短いと、トマト煮にしてもゼラチン質で固める料理ができるのです。そこで、ゼラチンで固めたリストランテの冷菜としてアレンジしました。パルミジャーノは煮汁には加えず、ソースとして皿に流してあります。味わいを締めるため、黒オリーブの乾燥したものを添えました

『PRESENTE Sugi』 杉岡憲敏

La cucina dell'italia settentrionale

材料（型2本分）

牛のトリッパ（ハチノス）… 600g
（下茹で用：水4ℓ、白ワイン300㎖、ローリエ1枚）
皮付きパンチェッタ … 100g
トマトソース … 300〜400g
水 … 300㎖
玉ねぎ（みじん切り）… 1個分
にんにく（みじん切り）… 1片
塩・胡椒 … 各適量
三温糖 … 適量
白ワイン … 適量
オリーブオイル … 適量

黒オリーブの粉 … 適量
緑のソース（下記参照）… 適量
季節のハーブ・エディブルフラワー … 適量

作り方

1 トリッパは、水でよく洗い、黒い皮の部分も丁寧にしごくように洗う。洗い終わったら、微酸性電解水に30分浸す。

2 **1**を取り出し、下茹で用の材料で2回ほど軽く茹でこぼす。長く煮るとゼラチンが溶け出るので注意する。取り出してカットしておく。

3 鍋にオイルと玉ねぎ、にんにくを入れ、香りが出るまで炒めたら、フードプロセッサーにかけたパンチェッタを加える。

4 香りが出たら、**2**のトリッパを入れ、白ワインを回し入れて煮込む。

5 さらにトマトソースと水を入れ、極く弱火で煮詰める。もったりとしてきたら、型に詰め、冷蔵庫で1日冷やし固める。

6 カットして皿に盛り🅐、黒オリーブの粉をふる。緑のソースを流し、季節のハーブとエディブルフラワーを飾る。

◆ **緑のソース**

材料（作りやすい分量）

イタリアンパセリ … 35g
塩 … 少々
パルミジャーノ（すりおろし）… 15g
ケッパー … 5g
水 … 30〜40㎖

作り方
材料をミキサーに入れて回す。濃度は水で調整する。

イタリアから、品質に優れたブランドだけをお届けしています

チンクエスタジオーニ

イタリア・パルマのアグリジャーロ&フィーニャ製粉会社のチンクエスタジオーニピッツァ用製品ブランドは、イタリア国内で高いシェアを有する、ピッツァイオーロ信頼のブランドです。同社はピッツァ用の幅広い製品を展開しています。代表的商品のピッツァナポレターナは"真のナポリピッツァ協会"のピッツァ用小麦粉に登録承認された品質基準と適性の証明書を得ている、本物のナポリピッツァに必要な条件を満たしたピッツァ用小麦粉です。ナポリをはじめ、ローマ・ミラノ・ベネツィアなど南から北までイタリア全土のピッツァに適用したラインアップを持っています。

- ピッツァ ナポレターナ25kg・10kg ・ピッツァ ソーヤ10kg ・ピッツァ&トラディション ローマ10kg
- ナチュールクラフト0・5kg・10kg ・ナチュールクラフトベラーチェ 10kg

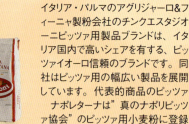

オーソレミオ

ピッツァ薪窯用加工燃料'O SOLE MIO(オーソレミオ)は乾燥精製したブナの粉末を高圧縮した製品です。クリーンで無煙な炭火を作り出し、パーフェクトなピッツァの焼き上がりを可能にします。100%天然成分で結着剤や糊デンプンを使用していません。最終加工されるまで徹底した品質管理を行っており衛生的な製品です。一般的な薪と比較しほぼ2倍のカロリーを有しています。

- 'O SOLE MIO ピッツァ窯用加工燃料 約18kg(8本入)

ペラガッティ

ペラガッティ社は1839年の創業以来、パルミジャーノ・レッジャーノとグラナ・パダーノの生産だけを手がけてきた老舗です。乳牛の餌の栽培から生産工程、出荷発送まですべて自社で行うなど、原料から品質管理を徹底し、高品質なチーズを生産しています。その経験と技術によって開発されたのが、約8kgの小型ハードタイプチーズ、ペラガッティーノです。

- パルマ産ハードタイプチーズ ペラガッティーノ ホール約8kg、ハーフカット約4kg×2

Pastificio dei Campi

パスタの聖地イタリア・GRAGNANO PASTA I.G.P.最高峰の製品です。同じ畑で3年に一度しか収穫しない4種類の100%イタリア産デューラム小麦のみを使用しています。伝統のブロンズダイスを使用、低温長時間乾燥の最新鋭工場で作られ小麦本来の風味が強いGRAGNANOパスタです。
Made in Italy 100%
トレースサヴィリティシステム採用
風通しの良い紙包装使用しています。

- Pastificio dei Campiパスタ500g×12入 ロングパスタ7種 ショートパスタ19種

オルトジェル

オルトジェル社の有機冷凍ブラッドオレンジジュースは、イタリアのICEAの有機農産物加工食品認定と、日本の有機JAS認定をともに取得しています。イタリ南部シチリア島エトナ山の警告で収穫される有機栽培の完熟ブラッドオレンジを搾ってすぐに冷凍。濃縮や希釈、加糖や保存料の添加も一切ない、ナチュラルな旬の味わいです。ドリンクとしてだけでなくデザートやソースの材料にも最適です。

- 有機冷凍ブラッドオレンジジュース1000ml

ファットリエ・ジャコバッツィ

"DOP:モデナ産の伝統的なバルサミコ酢"の生産も手がける老舗。工場的な生産の可能な"IGP:モデナ産バルサミコ酢"には、使用の認められているカラメル色素を加えず、その色合いや光沢は熟成による自然なものです。IGP規定に従った生産方法で、市場のニーズにこたえた新しい商品も手がけています。

- バルサミコビアンコ500ml ・バルサミックソース380ml ・IGPバルサミコ酢 2枚葉2000ml 他3アイテム

株式会社ニップンインターナショナル
東京都渋谷区千駄ヶ谷5-32-7　TEL.03-3350-4510　FAX.03-3350-2595
日本製粉グループ

中部イタリアの伝統料理&現代料理

トスカーナ

toscaneria
田中祐介

ristorante NAKAMOTO
仲本章宏

ウンブリア

RISTORANTE ITALIANO il Sorriso
富永茂樹

Ristorante Miyamoto
宮本健真

マルケ

Cucina Shige
石川重幸

薫風 湘南
芳片 聡

ラツィオ

Taverna I
今井 寿

a
宮川健一

※料理名下の「再構築Tema」とは、右の3つを指します。
これらの中から1つまたは複数を各シェフに選んでいただき、
それをテーマに伝統料理を現代料理に再構築しています。

[1] リストランテ料理に再構築する。
[2] 地元を21番目のイタリア州と仮定して再構築する。
[3] 伝統料理にインスピレーションを受けて新料理に再構築する。

TRADIZIONALE *Toscana*
トマトのパッパ
Pappa col pomodoro

　トマトのパッパは、トマトを使ったパン粥のこと。トスカーナの名物料理で、パスタ以上に無くてはならない料理といえます。材料はトマト、固くなったパン、にんにく、オイルほか。どこでも手に入る材料で作るシンプルな料理がトスカーナの名物なのは、パンがポイント。トスカーナ特有の、塩の入らないパンでないと作れない料理だからです。これはパンに使う塩に高額の税金がかけられていたため、塩を使わないパンが作られたことが発端。塩無しパンは固くなるのが早いため、固くなったパンを使う料理が発達。そのパンの特徴を活かして生まれたのが、パッパという料理でした。

『toscaneria』田中祐介

材料（6人分）
- 完熟トマト … 1kg
- 固くなったパン … 350g
- オリーブオイル … 100g
- 味の薄いブロード … 1500㎖
- にんにく … 4片以上
- 枝付きバジリコ … 適量
- 塩・胡椒 … 各適量

作り方
1. トマトを洗って切り、種を除いて、中火で煮る。煮上ったら裏漉しする。
2. 固くなったパンを切り身にし、オーブンでトーストする❹。
3. ブロードを温めて、トマトの裏漉し、2をカットしたもの、にんにく、バジリコを（その後取り除く）を加え、塩、胡椒する。
4. 常にかき混ぜながら、水分がほとんどなくなり、パンが離乳食のようになるまで煮込む❺。
5. 器に盛り、一番搾りのオリーブオイルを少々かける。

INTERPRETAZIONE

La cucina dell'italia centrale

朱々トマトの冷たいパッパ
明石のタコとリンゴのマリネ添え

再構築Tema3

トマトのパッパは、イタリアではよく知られたトスカーナの伝統料理です。しかし「トマトのお粥」となると、日本人には馴染みがなく手を出しにくい料理といえるでしょう。そこで料理からインスピレーションを得て、トマトのパッパという料理を知ってもらうためにアレンジを考え、前菜料理に行き着きました。トマトのパッパをミキサーでなめらかにしてソースにし、他の具材と合わせます。ただしパッパのときと同じトマトでは水っぽくなってしまいますので、ここでは甘みの強いミニトマトを使い、軽くマリネしたものを使います。合わせるのはトマトと同じ夏が旬のタコ。そしてタコにもよく合うりんご。りんごを組み合わせることで、夏からさらに秋に向かうイメージの料理にできました。

『toscaneria』田中祐介

材料（4人分）

フルーツトマト … 4個
バジリコ … 2枚
E.X.V.オリーブオイル … 30㎖
塩・胡椒 … 各適量
トスカーナパン … 適量

タコ足 … 4本
黒オリーブ（みじん切り）… 8粒
レモン … 1個
E.X.V.オリーブオイル … 100㎖
塩 … 適量
リンゴ … 1/4個
マイクロセロリ … 適量
食用花 … 適量

作り方

1 フルーツトマトをカットし、バジリコのスライス、塩、オリーブオイルを入れマリネする。

2 トスカーナパンはオーブンでローストしてカットし、1に入れ、マリネした後に出る汁に浸してやわらかくするⒶ。

3 トスカーナパンがやわらかくなったら、ミキサーで回してなめらかにする。

4 タコをボイルし、塩、黒オリーブ、レモン、オリーブオイルでマリネする。

5 皿に3のパッパを流し、その上にマリネしたタコをのせ、リンゴを重ねて置く。

6 最後にマイクロセロリ、食用花を盛り付け、オリーブオイルをひとふりする。

Ⓐ

TRADIZIONALE
野ウサギの甘酢風味
Lepre in dolce e forte

128

トスカーナでは野ウサギを使う料理も多く、秋から冬にかけてはジビエの一品として並びます。この甘酸っぱい味わいの料理は宮廷料理のようで、材料をたくさん使いますし、かつては非常に高価だったカカオも使われます。さらに、煮込み料理の仕上げとして別の鍋で作ったソースを加えて煮込むという、イタリアではあまり見られない手の込んだ調理法で作られます。ここでは野ウサギを使う場合の調理法を紹介していますが、季節的に野ウサギは手に入りませんでしたので、飼育されたウサギを使用しました。

『toscaneria』田中祐介

材料（8人分）

野ウサギ（よく熟成したもの）… 1羽
生トマト（またはホールトマト）… 300g
オリーブオイル … 100g
松の実 … 100g
チェードロとオレンジの皮の砂糖漬け
　　　　　　　　　　　　　… 50g
サルタナレーズン … 50g
甘口カカオ … 50g
ローズマリーの小枝 … 6本
にんにく … 4片
玉ねぎ（みじん切り）… 2個
人参（みじん切り）… 2本
セロリ（みじん切り）… 2本
バジリコ（みじん切り）… 2枚
イタリアンパセリ（みじん切り）… ひとつかみ
月桂樹の葉 … 1枚
サルヴィアの葉 … 数枚
ブロード … 約500㎖
カヴァッルッチ（下記参照）… 4個
赤ワイン … 1カップ
ワインビネガー … 適量
塩 … 適量

◆カヴァッルッチ（シエナのスペチャリタ）

材料

グラニュー糖 … 300g
小麦粉 … 300g
くるみの実 … 100g
オレンジの皮の砂糖漬け … 50g
粉末アニス … 15g
香辛料とシナモン … 5g
天板用バターと粉

作り方

平鍋に砂糖と水カップ1杯を入れる。少量を濡らした親指と人差し指でつまみ、広げた時に《糸》状になるまで煮る。その時に火から下ろして、粉、刻んだくるみ、オレンジの皮を細かく刻んだもの、粉アニス、香辛料とシナモンを丁寧に合わせる。台の端に粉をして、小指ほどの厚さに広げる。小さなひし形に切り、軽くバターと粉をした天板に並べる。色がつくまで約30分間弱火（150℃）で焼く。

作り方

1. 野ウサギを掃除して、肉の多く付いている部分を選んでぶつ切りにする。

2. 1の肉はローズマリーの枝とにんにく3片と共に天板に乗せ、火にかけ野ウサギが《野性味を吐き出す》、つまり含んだ水分を出させる。

3. 天板から野ウサギ兎の切り身を取り出す。容器をゆすいで、その上に、玉ねぎ、人参、セロリ、イタリアンパセリ、バジリコとにんにくのみじん切りを乗せる。油、月桂樹の葉、サルヴィアの葉数枚加え、数分間炒める。

4. 3で取り出した野ウサギの切り身を戻し、塩をする。よく焼き色をつけ、次にワインをふりかけて蒸発したら、皮をむいて種を除き細切れにしたトマトを加える。時々レードル1杯のブロードを加えながら煮る。出来上がった時に煮汁がたくさん残っていなければいけないⒶ。

5. 小鍋に薄切りにしたカヴァッルッチ、松の実、干しブドウ、チェードロとオレンジの皮の砂糖漬けのみじん切り、甘口カカオを入れⒷ、必要ならば大さじ1杯の砂糖を加える。少量の水を合わせ、約10分間火の上に置いておき、次に火からおろして、好みで大さじ2杯強のワインビネガーを加える。

6. 4に5の甘酢風味のソースを注ぎⒸ、混ぜて、火の上にさらに10分間置いておく。

7. 温かいうちに器に盛り付ける。

Ⓐ

Ⓑ

Ⓒ

INTERPRETAZIONE

秋田産ウサギの自家製サルシッチャ 赤玉ねぎの甘酢風味とドルチェフォルテソース

再構築Tema 1 3

この料理の再構築をする際に考えたのは、お客様に馴染みやすく食べやすいリストランテ料理にしたいということでした。ウサギはどうしてもイメージ的なものが強く、"食べるのはかわいそう"という方が多いからです。そこでウサギのイメージを無くし、食べやすくするため、サルシッチャ風にし、煮込みではなくソテーにしました。ソースは赤ワインビネガーとチョコレートなどで、伝統料理のテイストと同じ甘酸っぱさを出しました。そしてサルシッチャとソースとの間をつなぐ役割として、トスカーナ産の赤玉ねぎをオレンジと赤ワインビネガーで甘酸っぱく煮たものを付け合わせます。この技法なら、同じジビエの猪や鹿でも応用が可能です。

『toscaneria』田中祐介

材料（4人分）

ウサギ挽き肉 … 400g
塩・胡椒 … 各適量
ガーリックパウダー … 3g
フェンネルシード … 3g
網脂 … 適量

赤玉ねぎ（スライス）… 1個分
オレンジ … 1個
赤ワインビネガー … 20㎖
ブロード … 適量
塩 … 適量

グラニュー糖 … 15g
水 … 15㎖
赤ワインビネガー … 15㎖
チョコレート … 25g
レーズン … 20g
松の実（ローストしたもの）… 30g

オリーブオイル … 適量

作り方

1 ウサギは肉を骨から外し、挽き肉にし、塩、胡椒、ガーリックパウダー、フェンネルシードを加え、一日寝かせる❹。

2 翌日、1は棒状に成形して網脂で包み、サルシッチャのように仕立てる❺。

3 赤玉ねぎはオリーブオイルでソテーし、しんなりしてきたら絞ったオレンジジュース、赤ワインビネガー、ブロード、塩をして煮込む。

4 小さい鍋にグラニュー糖と水を入れ、110℃に熱し、赤ワインビネガーとチョコレートを湯せんで溶かしたものを入れ混ぜる。そこに松の実とレーズンを加える。

5 2はオイルを熱したフライパンでソテーし、表面に焼き色が付いたらオーブンで火を入れる❻。

6 皿に3の赤玉ねぎをのせ、その上にカットした5を盛り付ける。4のソースをかける。

TRADIZIONALE

野ウサギのパッパルデッレ
Pappardelle alla lepre

トスカーナで伝統的に食べられているオーソドックスなパスタです。丘陵地の多いトスカーナは、秋が深まると狩猟が盛んになり、ジビエを使った濃厚なラグーに合わせるために、幅が3～4cmもある幅広のパスタのパッパルデッレが用いられます。野ウサギで作るラグーは、伝統的な手法では肩肉、頭、内臓類が用いられ、胴とモモはセコンドピアットに使われます。ここでは血を使うレシピになっていて、この場合、牛乳も合わせて使うことで、血の臭みを消すようです。ただしさらに古い料理では、当時の人たちが血の風味に慣れているためか牛乳は入らないそうです。現代では衛生面からも、血まで入手するのは難しいので、牛乳は加えなくてもいいと思います。

『ristorante NAKAMOTO』**仲本章宏**

材料（6人分）

パッパルデッレ（生）… 600g
野ウサギ（血を含んだもの）… 1羽
オリーブオイル … 100g
イタリアンパセリ（みじん切り）… 10g
玉ねぎ（みじん切り）… 1/2個分
人参（みじん切り）… 1本分
セロリ（みじん切り）… 1/4本分
赤ワイン … カップ1杯
牛乳 … 1/2カップ
パルミジャーノ（すりおろし）… 適量
塩・胡椒 … 各適量

作り方

1. 野ウサギは、血を別にとって置き、汚れを落とす。
2. イタリアンパセリ、人参、玉ねぎ、セロリを平鍋に入れ、オイル、塩ひとつまみと胡椒と合わせたら、**1**の野ウサギの肩、頭、心臓と肺（残りの部分は別の料理にする）を入れる。
3. 鍋を火にかけ、肉に含まれてる水分全てを出させる。野菜類にヘーゼルナッツ色が付いたら、ワインをふりかけ🅐、アルコール分が蒸発したら、湯でのばした野ウサギの血を合わせ、数分後に牛乳を加える🅑。
4. 野ウサギの各部位に火が通ったら、肩と頭の骨を除き、肉を鍋に戻す。煮立ててから、火からおろす少し前に、小さく切ったレバーを加える🅒。
5. 塩をしたたっぷりの湯でパスタを茹で、軽いアルデンテで取り出し、作った煮汁とパルミジャーノで和えて器に盛る。

🅐

🅑

🅒

INTERPRETAZIONE

仔ウサギのラグーを詰めたラヴィオリとそのコンポジション

再構築Tema 3

伝統的なウサギのラグーを使ったパスタにインスピレーションを得て、さらにその魅力を、再構築という形で高めました。仔ウサギの前脚と後脚は、赤ワインとともに煮込んでラグーにし、それをさらに煮詰めて、パッパルデッレのソースではなくラヴィオリの詰め物にします。それ以外の部位はしっとりとローストして繊細な食感と香りを大切にしました。イタリア修業時代にリストランテで食べた仔ウサギのうま味を、調理方法を変えて一皿に盛り込みました。伝統料理では、仕上げにパルミジャーノをからめるところを、なめらかなフォンドゥータのソースに代えて口当たりも良くします。まろやかなソースと香ばしいトマトパン粉、それにハーブ類が、爽やかさとイタリアらしさを与えてくれると思います。

『ristorante NAKAMOTO』仲本章宏

材料（作りやすい分量）

パスタ生地
セモリナ粉（イマフン）… 350g
E.X.V.オリーブオイル … 30g
卵黄 … 295g

仔ウサギ … 1羽（700〜800g）

仔ウサギのラグー
上記野ウサギの前脚と後脚 … 1羽分
オリーブオイル … 100g
イタリアンパセリ（みじん切り）… 10g
玉ねぎ（みじん切り）… 1個分
人参（みじん切り）… 1本分
セロリ（みじん切り）… 1/2本分
赤ワイン … カップ1杯
塩 … ひとつまみ
胡椒 … 適量

フォンドゥータ（下記参照）… 適量

トマトパン粉（下記参照）… 適量
パプリカパウダー … 2g
季節のハーブサラダ … 適量

作り方

1. パスタを作る。セモリナ粉、オリーブオイルと、卵黄の1/3量を加えて混ぜる。そぼろ状になるように指と指の腹をこすり合わせる。

2. 1に、残りの卵黄を5回に分けて少量ずつ加え、そのつど、指と指をこすり合わせるようにしてそぼろを少しずつ大きくし、最終的にそぼろを大きな球状の塊にし、ラップで包んで2日間冷蔵保存する。

3. 詰め物の仔ウサギのラグーを作る。仔ウサギをさばき、前脚、後脚はラグーに、残りの部分はソテーに準備する❶。

4. イタリアンパセリ、人参、玉ねぎ、セロリを平鍋に入れ、オイル、塩、胡椒を合わせ、しんなりするまで炒めたら、3の前脚と後脚を入れる。

5. ウサギににヘーゼルナッツ色が付いたら、ワインをふり、アルコール分が蒸発したら、湯でのばした野ウサギの血を合わせて煮込む。

6. ウサギ肉に火が通ったら、骨を除き、肉を鍋に戻して煮詰める。取り出して肉をほぐす。

7. 2の生地を取り出し、パスタマシンで薄くのばし、6のラグーを詰め物としてラヴィオリを作る❷。

8. 3で残しておいた仔ウサギの骨つきロース、フィレ、ロースは、炭焼きでしっとりと火を入れる❸。

9. たっぷりの湯に塩を入れて7を茹でる。

10. 9が茹で上がったら水けをきって皿に盛り、8の肉をのせ、ハーブサラダを添える。フォンドゥータソースをかけ、トマトパン粉をちらす。

◆**フォンドゥータ**

材料
生クリーム … 100㎖
パルミジャーノ（すりおろし）… 30g

作り方
生クリームを火にかけ少し煮詰めたら、パルミジャーノを加えて溶かし、シノワで漉す。

◆**トマトパン粉**

材料
パン粉（細かいもの）… 250g
トマトソース … 50g
太白ごま油 … 25g
ケッパー … 7g
オリーブ … 7g
トマトペースト … 25g
にんにく（みじん切り）… 5g
塩 … 5g
パプリカパウダー … 2g

作り方

1. 太白ごま油で、オリーブ、ケッパーを炒め、香りが出てきたら、にんにく、トマトペーストを加え、少し炒めてトマトソースを加える。

2. パン粉を加えて少し炒めたら、オーブンバットに開け、100℃のオーブンで乾燥させる。

3. 乾燥したら、ミキサーで細かく回して、残りの材料を加える。

TRADIZIONALE

フィレンツェ風豚肉のアリスタ
Arista di maiale alla Fiorentina

136

ローズマリーの風味が香る、イタリア版のローストポークであるアリスタは、歴史的にも由緒のあるフィレンツェの名物料理です。1439年、フィレンツェでメディチ家のコシモが誘致したtギリシャ正教とローマ・カトリック合同の宗教会議が行われた際、この料理を食べたギリシャ人の司教が「アリストス＝美味しい」と言ったことから名付けられたとされている料理です。伝統的な手法では、串刺しにして焼くということで、暖炉などで焼くスタイルなのでしょうか。現代で再現するために、天板にのせてオーブンで焼きました。コシモの時代にはじゃが芋は食べられていませんでしたが、天板で焼きますので、ほどよくカットしたじゃが芋を天板に広げ、その上に肉をのせて焼くことにしました。肉汁がじゃが芋に落ちて、じゃが芋も付け合せとして美味しく食べられます。

『ristorante NAKAMOTO』**仲本章宏**

材料（6人分）

豚のロース肉（背肉の部分）… 約1.5kg
にんにく … 1片
ローズマリーの小枝 … 1本
（もしくはフェンネルの種ひとつまみ）
塩・胡椒 … 各適量

じゃが芋 … 適量
チーマ・ディ・ラーパ … 適量
カーボロネロ … 適量

作り方

1　ローズマリーの葉（もしくはフェンネルの種）とにんにくを刻み、塩、胡椒を合わせ、混ぜ合わせるⒶ。

2　**1**を肉にあけた小さな穴に入れ（トスカーナではピロッターレという）、全体に塩、胡椒するⒷ。

3　串刺しにしたアリスタを調理する。もしひっかけることができなければ、170℃のオーブンに入れ、約1時間焼く。容器の中に出た汁の中で、じゃが芋、もしくはチーマ・ディ・ラーパやカーボロネロのような他の野菜を調理するⒸ。

5　熱いうちに出しても良いが、冷めてもより良く、ビステッカのように切る。このように料理した肉は、多くの日数保存できるという特徴を持つⒹ。

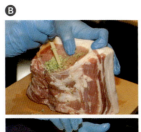

INTERPRETAZIONE

豚ロースのアッロスト トスカーナの香り

再構築Tema3

アリスタからインスピレーションを受け、トスカーナのアリスタのように焼ききるイメージではなく、よりしっとりと豚ロースのうま味を伝えられないか。しゃぶしゃぶのイメージで、アリスタを日本的に考えるとどのように表現できるかとアレンジしたのがこの料理です。豚の香りとやわらかさが伝わるようにロースに火を入れ、薄くスライスして、そこに生ハムのスープとサルヴィアのオイルを加えます。熱すぎないスープを注ぎ、より豚のうま味を強めた一皿に仕上げました。伝統料理に則り、豚の下にはじゃが芋を、エスプーマにして隠しています。じゃが芋の風味が肉と一体となり楽しめますので、スタイルはしゃぶしゃぶ風の独創的な印象でも、食べ終わるとトスカーナを感じていただけると思います。

『ristorante NAKAMOTO』**仲本章宏**

材料（作りやすい分量）

豚ロース肉 … 1.5kg

じゃが芋エスプーマ
じゃが芋（茹でたもの）… 200g
生クリーム … 150g
ブロード … 25g
オリーブオイル … 25g
パルミジャーノ（すりおろし）… 25g

生ハムスープ
生ハム（スライス）… 100g
昆布水 … 350g

サルヴィアオイル（下記参照）… 適量

作り方

1. 豚ロースを調理する。熱したフライパンで豚肉の脂側を香ばしく焼き、真空パックにして、サーキュレーターの58℃で芯温が55℃になるまで火を入れる。火が入ったら、取り出して休ませておく。

2. じゃが芋エスプーマを用意する。材料を全て加えてミキサーで回したら、シノワで漉し、サイフォンに充填する。湯せんで65℃に温めておく。

3. 生ハムのスープを作る。生ハムは昆布と水と一緒に30分ぐらい煮出してスープを作り**Ⓐ**、キッチンペーパーで漉す。

4. **2**のエスプーマは炭酸ガスを充填してスープ皿に絞り、**1**の肉をスライスして盛り付ける**Ⓑ**。オキサリスなどの季節のハーブを盛り、**3**のスープとサルヴィアオイルを合わせたものを客席で注ぐ**Ⓒ**。

◆ **サルヴィアオイル**

材料
サルヴィア … 100g
太白ごま油 … 100g

作り方
サルヴィアと同量の太白ごま油を60℃に温め、ミキサーにかけ、一晩かけてゆっくりとペーパーで漉す。

Ⓐ

Ⓑ
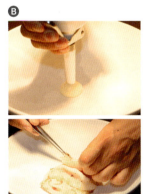

Ⓒ

TRADIZIONALE
Umbria
スペルト小麦のミネストラ
Minestra di farro

ウンブリアやトスカーナでよく見られるミネストラで、野菜類と一緒に古代小麦のスペルト小麦も使用します。スペルト小麦は口当たりを良くするために、ブロードで長めに煮込むのがポイント。こうすると、プチっとした食感の後にやさしい甘みが楽しめます。煮込むブロードは、生ハムの余った骨を使います。生ハムの骨から出る熟成されたまろやかな塩けが、スペルト小麦の味わいを引き立ててくれます。仕上げにペコリーノをかけ、さらに塩けを補います。器は、ウンブリアのデルータ焼きを使いました。

『RISTORANTE ITALIANO il Sorriso』富永茂樹

材料（4人分）

スペルト小麦 … 200g

生ハムの骨
（肉が少々ついているもの）… 1本

人参 … 1本
葉付きセロリ … 1本
玉ねぎ … 小1個
トマト … 2〜3個
塩 … 適量

ペコリーノチーズ（すりおろし）
　　　　　　　　　… 適量

作り方

1. 生ハムの骨でブロードを取る。もし生ハムが塩っぱいようなら、ぬるま湯に数時間浸けておき、約10分間ほど煮立ててザルにあける。

2. 1の生ハムの骨を鍋に入れて水を注ぎ、刻んだ人参、セロリ、丸ごとの玉ねぎ、ちぎったトマトを合わせる。

3. 骨を約1時間煮立て、ミネストラに充分な量を測りながら、必要分のブロードを別の容器に移しながら漉す。味見をして、場合によっては塩をする。

4. 容器を火にかけ、ブロードが煮立ったら、スペルト小麦を雨のように注ぎ入れる。木のスプーンでかき混ぜ続けながら、約20〜25分間煮る❹。

5. 火から降ろす少し前に、3のブロードの骨から赤身肉をこそげ落として小さく切り、ミネストラに加える。

6. 器に盛り、ペコリーノを添えてサービスする。

INTERPRETAZIONE

佐賀県産十三穀米と野菜のミネストラ

再構築Tema 2

ウンブリアは、四方を山で囲まれた閉ざされた地域。緑で覆われた土地です。スペルト小麦のミネストラは、そうした場所の庶民の料理。スペルト小麦と野菜の具材を楽しむミネストラを、その持ち味を崩さずに、リストランテ風にどうアレンジするかを考えた時、スペルト小麦という古代の穀類から、佐賀県で作られている十三穀米と佐賀の野菜を使うことにしました。十三穀米は全量を入れ替えるのではなく、スペルト小麦の30％程度量を加えます。入れすぎるともちもち感が強くなり、イタリア料理としてのニュアンスが損なわれるからです。このことで単一のスペルト小麦に加え、様々な食感と味わいがプラスされます。仕上げに、ペコリーノをかけて塩けを補い、味を締めます。

『RISTORANTE ITALIANO il Sorriso』富永茂樹

La cucina dell'italia centrale

材料（2～3人分）

- 肉のブロード … 250g
- スペルト小麦 … 適量
- 十三穀米 … 適量
- 玉ねぎ（みじん切り）… 50g
- 人参（みじん切り）… 50g
- セロリ（みじん切り）… 50g
- ペコリーノ … 適量
- E.X.V.オリーブオイル … 適量
- 塩・胡椒 … 各適量

作り方

1. スペルト小麦と十三穀米は、前もってたっぷりの湯でやわらかくなるまで茹でておく。
2. 鍋にオリーブオイルと玉ねぎ、人参、セロリを入れて、中火で炒める。
3. 野菜類から香りが出たら、ブロードを注ぎ入れ、1を好みの量加えて温め❹、塩、胡椒で味を調える。
4. 器に盛り付け、ペコリーノをおろしかける。

TRADIZIONALE

ペルージャ風 鳩の煮込み
Piccione alla perugina

山に囲まれたウンブリア州の料理は、やはり山の素材を使うものが中心。この鳩の料理もその一つ。ペルージャやその周辺のアッシジには、名物の鳩料理が見られます。この料理は、原名は「ペルージャ風鳩」となっていて、調理法はブロードを加えて煮詰めるようにして火を通すという調理法です。同時にハーブや玉ねぎも一緒に加えて煮込むことで野菜の甘さを引き出し、ビネガーで酸味を加えて、最終的にはイタリア人好みの甘酸っぱい味わいに仕上げます。

『RISTORANTE ITALIANO il Sorriso』富永茂樹

材料 (4人分)

若くて太った鳩
(トッライオーロと呼ばれるものが最高)… 2羽
生ハム (脂分が多く長期熟成したもの)… 4枚
オリーブオイル … 適量
白ワインビネガー … 1/2カップ
玉ねぎ … 100g大2個
クローブ … 3本
月桂樹の葉 … 3〜4枚
ブロード … 少々
塩・胡椒 … 各適量

作り方

1 鳩は羽を抜いて手早く直火で炙り、汚れを取る。内臓を取って掃除したら、生ハムで包む。

2 陶器の容器を火にかけ、クローブをさした玉ねぎ、オイル少々と月桂樹の葉を入れる。適量の塩と胡椒をする。

3 玉ねぎに色が付いたら、1の鳩を入れる。ブロードも加える。

4 汁が煮詰まったら**Ⓐ**、ワインビネガーを合わせる（もしビネガーが強すぎるようならば量を減らす）。厚手の羊皮紙（クッキングシートで代用可）で容器のふちを覆い、鍋の周りに縛りつける。弱火で煮込み、紙が完全にやわらかくなった時火からおろす。

5 鳩が熱いうちに器に盛る。

Ⓐ

INTERPRETAZIONE

鳩のロースト 肝のソース
玉ねぎのワインビネガー煮込み添え

再構築Tema 1 2

この伝統料理のレシピを見た時に感じたのは、鳩はローストにすることは多くても、煮ると鉄臭さが残るのではないかという心配でした。そこでアレンジに当たっては、伝統料理の構成は極力変えず、調理法を少し変化させ、佐賀の食材を使いつつ現在のリストランテで出せることをテーマにしました。鳩はさばいてローストし、佐賀産の柿酢を加えて酸味を足します。ソースは鳩とは別に仕込みます。ウンブリア地方には、内臓肉を使ったギオッタソースがありますので、それを参考に鳩のレバーと生ハムなどでソースを作ります。玉ねぎのワインビネガー煮を別に作っておき、料理に添えることで、甘みと酸味を強調するようにしました。ハーブの使い方にも配慮し、香り高い一品に仕上げます。

『RISTORANTE ITALIANO il Sorriso』富永茂樹

材料（2〜3人分）

鳩 … 1羽
サルヴィア、ローズマリー、月桂樹の葉等
　　　　　　　　　　　　　　… 各適量

柿酢 … 適量
ピュアオリーブオイル … 適量
玉ねぎのワインビネガー煮（ピューレ）
　　　　　　　　　　　　　　… 適量

ソース

鳩のレバー（みじん切り）… 2羽分
生ハム（みじん切り）… 60g
にんにく（みじん切り）… 少々
クローブ … 適量
サルヴィア … 適量
ローズマリー … 適量
月桂樹の葉 … 2枚
レモンの皮（みじん切り）… 1/2個分
レモン汁 … 1/2個分
白ワイン … 50㎖
赤ワイン … 50㎖
赤ワインビネガー … 100㎖
E.X.V.オリーブオイル … 適量
塩・胡椒 … 各適量

サルヴィア、ローズマリー、月桂樹の葉の芽
　　　　　　　　　　　　　　… 各適量

作り方

1. ソースを作る。鍋にオリーブオイルとにんにくを入れて火にかけ、香りが出たらレバーと生ハムを加えて炒める。
2. 肉に火が入ったら残りの材料を加え、煮詰めて塩、胡椒で味を調えておく。
3. 鳩はモモ肉を外し、ムネ肉は骨を付けたままさばく。
4. **3**はハーブ類とともにローストし、柿酢をふって香りと酸味を付ける**Ⓐ**。
5. 玉ねぎのピューレをのせた皿に**4**の肉をカットして盛り、**2**のソースをかけ、ハーブ類を飾る。

TRADIZIONALE

ストリンゴッツィ もしくは チェリオーレ
Stringozzi o ceriore

ストリンゴッツィは、ウンブリア州南部の古都・スポレートの周辺で名物とされているパスタです。00粉などを使ったパスタで、卵が入らない、うどんのような庶民のパスタです。ストリンゴッツィ名のほかに、チェリオーレ、マンフリコリ、ビッキャレッリと、いろいろな呼び名があり、形も少しずつ変わるようです。ちなみにこのレシピでは、幅広のフェットチーネを短くして、編み棒のような棒で巻き込む作り方が紹介されていますから、中は空洞のロングパスタになります。素朴な料理ですので、ソースはにんにくとトマトで作ります。私がウンブリアに住んでいた頃に見た、身近なウンブリアのお母さんたちが作るものは、あまり煮込まずトマトのフレッシュ感を残したソースでした。またにんにくは色を付けないように作りますので、オイルが冷たいうちににんにくを入れて火にかけ、温まったらトマトを入れる作り方でもいいでしょう。仕上げに、紫バジルを飾りとして添えました。

——『Ristorante Miyamoto』**宮本健真**

材料（作りやすい分量）

小麦粉 … 300g

ソース用トマト … 400g
オリーブオイル … 50g
にんにく … 2～3片
塩・胡椒 … 各適量

作り方

1 台の上に粉をあけ、水だけを加えながらこねる。非常に固めのパスタを作る。疲れないように、よくこね、テーブルにたたきつけ、またたたきつけ、そして麺棒で薄すぎない程度にのばし、そこから短めで幅広のフェットチーネを作る。

2 **1**のパスタと編み棒で、有名な《ストリンゴッツィ》または《チェリオーレ》（テルニのものが非常に有名）を作る。長く、固い生地のマカロニのようなもの、実際には穴の開いたスパゲッティである❹。

3 全てを準備したら、台の上で乾かしておく。

4 小鍋にオリーブオイルを入れ、熱くなったら（煮立ててはいけない！）、ちぎったホールトマトと薄切りのにんにく、塩、胡椒を合わせる。そのまま15分間煮る。

5 たっぷりの湯に塩をして、**3**を茹でる。

6 茹で上がったら**4**の鍋に入れて和え❺、器に盛る。

INTERPRETAZIONE

豊かさと素朴 (ricco e povero)
再構築Tema 3

ストリンゴッツィは、ウンブリア州の中でも地域によって異なる名称で呼ばれていて、いろいろな解釈があるパスタです。ちなみに、州南西部のテルニ県ではチェリオーレもしくはチリオーレと呼ばれています。そのチェリオーレは、フェットチーネのように幅広にカットしただけで、棒で巻き込んだ空洞パスタではありません。ここではそのチェリオーレとも呼ばれるストリンゴッツィをあえて使いました。現代料理へのアレンジでイメージしたのは、ウンブリアの地景と伝統的なレシピの融合で、一つの料理でウンブリアを旅できるようにと考えました。緑のハートと言われるウンブリア州は海が無く、なだらかな丘と山で構成されています。まずは、昔のパンチェッタ独特の香りを表現した「ランチード」を語源とし、パンチェッタの香りを活かしたウンブリアの伝統的なプリモピアットである「ランチェット風」をアレンジしたトマトと鴨とパンチェッタのサラダをしきます。そこにトリュフを使った「ノルチャ風」のチェリオーレをのせました。スライスしたラルドをアルミカップなどにしき、そこにペコリーノをからめたパスタを詰めて盛り付け、上から特産のトリュフをたっぷりと削り、愛すべきウンブリアのオマージュとしました。

『Ristorante Miyamoto』宮本健真

材料（4人分）

ストリンゴッツィ生地（147ページ参照）
　　　　　　　　　　　　　… 120g
ペコリーノ（すりおろし）… 適量
バター … 適量
ラルド（スライス）… 適量

ランチェット風温かいサラダ
鴨ムネ肉 … 1枚
パンチェッタ（スライス）… 1枚
ドライトマト … 5個
トマトソース … 大さじ1
マジョラム … 適量
オレガノ … 適量

ペコリーノ … 適量
トリュフ … 適量
ピーテンドリル … 適量

作り方

1. ストリンゴッツィを作る。147ページと同じ材料で生地をこね、薄くのばしたら、折りたたんで5mm幅にカットする**A**。
2. **1**は、たっぷりの湯に塩を入れた中で茹でる。
3. フライパンにバターを溶かし、**2**が茹で上がったら水けをきって加え、ペコリーノを入れてからめる。
4. 容器にラルドをのせ、その上に**3**のパスタを入れて詰める**B**。
5. ランチェット風のサラダを作る。パンチェッタを刻んで軽く炒め、温まったら、軽く刻んだドライトマトとトマトソース、マジョラム、オレガノを入れ、軽く火を通す。
6. 鴨ムネ肉はミディアムレアに焼いて、1cm角にカットし、**5**のソースと合わせる。
7. **6**を皿にのせ、その上に**4**を盛り付ける。ペコリーノを削りかけ、トリュフを削る。ピーテンドリルを飾る。

TRADIZIONALE

ペルージャ風ポルケッタ
Porchetta alla perugina

豚の丸焼きのポルケッタは、ウンブリアを代表する料理。とはいえ、中部イタリア一帯の町々で、古くから割とメジャーな料理で、多くの店で親しまれています。というのも、古代ローマの時代から養豚は行われてきたので、収穫祭などの際にその豚を使った丸焼きが行われ、地域の人たちに振る舞われてきた伝統があったからではないでしょうか。このレシピのように、レストランなどでは豚バラ肉を使って小さいものを作ったりしますが、専門店では豚1頭を使用するのが日常的です。中に詰める香草類によって、店それぞれの個性が出ます。昔は薪火で焼いていたということを読んだことがあったので、今回、薪火を使い、7〜8時間以上かけて焼いてみました。

『Ristorante Miyamoto』 宮本健真

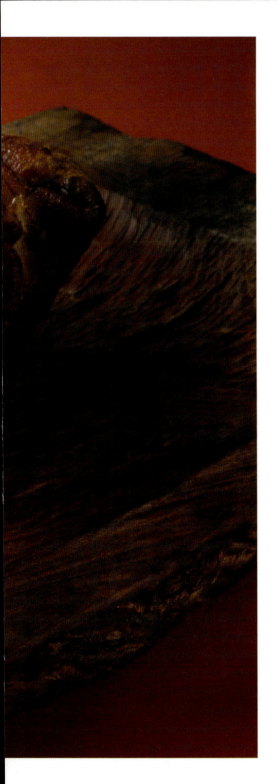

材料

豚（もしくは乳飲み子豚）… 1頭（約40〜50kg）
野生フェンネル … 適量
にんにく（もしくはメントゥッチャとローズマリー）… 沢山
塩・胡椒 … 各適量

作り方

1. 豚は内臓を除き、血液を出すために頭を下にして吊るし、12時間置いておく。
2. 内臓を取り、（レバー、肺、腎臓他）洗って細かく切り分けたあと、たっぷりの野生フェンネル、にんにく、塩、胡椒を加え、たっぷりのオリーブオイルで半生程度まで加熱する。
3. 2の混ぜ物を豚に詰めこみ、完全に閉じる。棒を口から入れ反対側に通す。
4. 薪を焚いて、3の豚をセットし、7〜8時間、ゆっくりと長い時間をかけて焼く🅐。豚の外側がやわらかくパリッとするように、火がおきるように別の小さな薪を加える。皮はよく色が付きパリパリになる。冷ましてからサービスする。

🅐

INTERPRETAZIONE

ポルケッタ「理想のコラツィオーネ(朝食)」

再構築Tema3

ポルケッタは、私にとって修業時代を思い出す、思い入れ深い料理です。この料理そのものが大好物で、ウンブリアではどこの市場に行ってもありますので、買ってきてはよく食べていました。屋台のおじさんと顔見知りになると、肉の切れ端をもらったりもしました。修業中はお金がありませんので、そうした切れ端は休みの日のサラダの具としたり、パニーノにしたり、目玉焼きに合わせたりして楽しんだものです。そうした修業時代の思い出のポルケッタをもとに、イタリア修業時代へのオマージュとして作ったのがこの料理です。トースト、ハンバーガーなどの具材としてもポルケッタを使い、理想のコラツィオーネ（朝食）と名付けました。このポルケッタは、ウンブリアで学んだ「バットゥート・ディ・ラルド」を使って作りました。ラルドとフェンネル、にんにく、ローズマリーなどを細かくたたいたもののことで、これを肉にぬり、焼く手法です。今では、このバットゥートを使う方は少ないようですが、素朴ながらも非常に滋味深い味わいとなります。薪で焼くのではなく、低温調理で、68℃で8時間かけて火を入れています。今の日本人はやわらかい食感が好きなので、厚い肉を出そうとすると、伝統料理では硬くて厚くできません。そこで厚手でも楽しめるよう、火の入れ方も変えています。

『Ristorante Miyamoto』宮本健真

材料

ポルケッタ（作りやすい分量）
豚バラ肉 … 1枚

バットゥート・ディ・ラルド
ラルド（豚脂の塩漬け）… 適量
野生フェンネル（みじん切り）… 適量
ローズマリー（みじん切り）… 適量
マジョラム（みじん切り）… 適量
にんにく（みじん切り）… 適量

バンズ … 小1個
E.X.V.オリーブオイル … 適量

生ハム（スライス）… 3枚
エスプレッソ … 15㎖
卵 … 1個
プチトマト … 1個

オリーブオイル … 適量
塩・胡椒 … 各適量

ベビーリーフ … 適量

作り方

1 ポルケッタを作る。まずバットゥート・ディ・ラルドを作る。ボールにラルドを入れ、残りの材料を入れてよく混ぜ合わせておく❹。多めに作っておいて、ローストなど様々な料理に利用できる。

2 豚バラ肉は、ある程度平らに開く。塩、胡椒をして、1を豚肉にぬって肉を巻き、タコ糸でしばる。

3 オイルを熱したフライパンで、全体に焼き色を付ける❺。

4 真空にして、低温調理器をセットし、68℃で8時間加熱する。取り出して冷ましておく。完全に冷めてからスライスする。

5 4をスライスし、半分にカットしたバンズにのせ、E.X.V.オリーブオイルをかけて挟む。

6 生ハムはエスプレッソに浸し❻、トマトと共にフライパンでサッと焼く。卵で目玉焼きを作る。

7 パンをトーストし、6の生ハムとトマト、目玉焼きをのせる。

8 器に5と7をのせ、4を2cm厚さにカットし❹、盛り付ける。ベビーリーフを飾る。

TRADIZIONALE
Marche
ヴィンチス・グラッスィ
Vincis grassi

マルケ州中部に位置する丘の上の町・マチェラータ。その町のスペチャリタとなっているのは、その町で生まれたシェフのアントニオ・ネッビアによって18世紀に紹介された貴族料理であるという説があるからでしょうか（由来にはそれ以外の説もあります）。ベシャメッラとラグーを層にしたパスタで、つまりラザーニアです。パスタは7層にするのが伝統料理での決まり事です。ラグーの肉は、鶏の内臓、脳みそ、胸腺が用いられ、正肉部位は入りません。また、パスタにマルサラ酒で風味付けしている点もユニークです。

『Cucina Shige』石川重幸

材料 (8人分)

ラグー
鶏の内臓 … 350g
脳みそまたは牛のフィローネ … 250g
胸腺 … 200g
バター … 約150g
生ハムの脂部分（みじん切り）
　　　　… 150g（もしくは豚脂50g）
人参（半割り） … 1本分
玉ねぎ（半割り） … 1個分
辛口白ワイン … 半カップ
トマトソース … 大さじ2
ブロード … 1カップ
牛乳 … 少々
塩・胡椒 … 各適量
パルミジャーノ（すりおろし） … 大さじ6

ベシャメッラ
バター … 50g
小麦粉 … 40g
牛乳 … 500ml
ナツメグ … 少々
塩・胡椒 … 各適量

パスタ生地
小麦粉 … 500g
セモリナ粉 … 300g
バター … 50g
卵 … 5個
塩 … ひとつまみ
マルサラ酒
（またはマルケ産ヴィンサント） … 60ml

バター … 適量

作り方

1. ラグーを準備する。生ハム（または豚脂）を平鍋に入れ、バター80g、半分に切った玉ねぎと人参を加える。
2. 数分間炒めて野菜に火が通ったら、火からおろして四角く切った鶏の内臓（鶏レバーは除く）を入れる。時々白ワインを注ぎながら炒める。
3. アルコール分が蒸発したら、ブロードにとかしたトマトソースを加える。塩、胡椒をしてよくかきまわしながら、時々牛乳を入れ中火で約2時間煮込む。
4. 別鍋で湯を沸かし、胸腺、脳みそまたはフィローネを数分間茹で、水切りをして小角切りにする。
5. ラグーを火から下ろす約30分前に4を加え、よく混ぜて味を含めておく。煮上がりに小角切りにした鶏レバーを加える。
6. ラグーを煮ている間に、ラザーニャの準備をする。材料全てを混ぜ合わせて生地を作る。生地をよくこねてから麺棒で薄くのばし、約10cmの幅、長さはパスタを入れる容器の長さに切る。
7. 塩をしたたっぷりの湯で6を茹で、半分ほど火が通った時に引き上げて冷水に通し、再び取り上げて布巾で両面の水をとっておく。
8. バター、小麦粉、牛乳、塩、胡椒、ナツメグでベシャメッラを用意する。
9. 容器の底にバターをぬり、7のパスタを1層、8のベシャメッラで覆い、パルミジャーノをちらし、5のラグー数杯、その上にちぎったバターを数個ちらす。
10. 第2層目を同じくパスタ、ソースと材料がなくなるまで繰り返す。
11. 冷たい場所にパスタを6時間寝かせたら、200℃のオーブンに約3分間入れ表面に焦げ目がつくまで焼く。
12. オーブンからパスタを取り出し、熱したバターをふりかけ、サービスする。

INTERPRETAZIONE

七色のカネロニ仕立て 白トリュフがけ

再構築Tema 1 3

マルケの貴族料理として知られるヴィンチス・グラスィは、その豪華さを表現するために、パスタを「7層にする」のが重要。この料理のポイントです。そこで「7」に注目し、ヴィンチスグラスィを現代料理に再構築しました。伝統料理では、7層になったパスタは見た目には分かりにくい。そこでひと目で「7」が分かりやすいよう、7つのパスタにしました。パスタは、マルケでよく食べられているペンネの詰め物のイメージもありましたが、形の面白さを考えた時、今では出されることも多くなったことを考えてカネロニに。さらにベースのセモリナ粉の白に加え、イカ墨、イタリアンパセリ、カカオ、ほうれん草、トマト、サフランで7色のカネロニを作り、華やかで楽しい料理にしました。詰め物は鶏の内臓とモモ肉も使い、伝統料理ではパスタに加えるマルサラ酒を詰め物に加えました。マルケはお金持ちの州でリッチな料理が多いことから、仕上げには、マルケ・アクアラーニャの白トリュフをかけました。

『Cucina Shige』**石川重幸**

材料（4人分）

詰め物
鶏モモ肉 … 200g
胸腺肉 … 50g
ハツ … 20g
キンカン … 30g
マルサラ酒 … 適量
生クリーム … 適量
塩・胡椒・ナツメグ … 各適量
オリーブオイル … 適量

ソース
マルサラソース（マルサラ酒適量、スーゴディカルネ適量）… 適量
ベシャメッラ（薄力粉50g、バター40g、牛乳500㎖）… 適量
トマトソース … 適量

マイクロハーブ（クレソン）… 適量
アクアラーニャ産白トリュフ … 適量

パスタ生地
① 小麦粉100g、セモリナ粉60g、卵1個、バター10g
　マルサラ酒少量、イタリアンパセリ少量、塩少々
② 小麦粉80g、セモリナ粉20g、卵1個、サフラン、
　卵1個、E.X.V.オリーブオイル、塩少々
③ 小麦粉70g、セモリナ粉30g、卵1個、
　ココアパウダー10g、E.X.V.オリーブオイル、塩少々
④ 小麦粉90g、セモリナ粉10g、卵1個、卵黄3個、
　卵1個、E.X.V.オリーブオイル、塩少々
⑤ 小麦粉80g、セモリナ粉40g、卵1個、
　ほうれん草のピューレ適量、E.X.V.オリーブオイル、塩少々
⑥ 小麦粉20g、セモリナ粉80g、卵1個、イカ墨、
　白ワイン、E.X.V.オリーブオイル、塩少々
⑦ 小麦粉70g、セモリナ粉30g、卵1個、トマトピューレ、
　E.X.V.オリーブオイル、塩少々

作り方

1 パスタ生地を作る。①〜⑦はそれぞれに材料を合わせてよく練り、まとめてパスタマシンで2mm厚さにのばしてから、塩を入れた湯で茹で、火が入ったら取り出し5.5cm×7.5cmに切っておく。

2 鶏モモ肉、胸腺肉、ハツ、キンカンは、2cm角に切っておく。

3 テフロンパンにオリーブオイルを熱し、**2**を入れて肉の表面に焼き色が付いたら、浸るぐらいのマルサラ酒を入れ、煮詰めきるように火を入れる。

4 **3**は温かいうちに、フードプロセッサーに入れ、生クリームを加えて回し、なめらかなムース状にする。塩、胡椒、ナツメグで味を調える。

5 **1**のパスタに、絞り袋を使って**4**を絞りのせ、ロール状に巻く。

6 パスタをオーブンで温める。霧吹きなどで少し水を足してからオーブンに入れると詰め物まで温まりパスタが乾きすぎず、しっとりして詰め物とも馴染む。

7 マルサラソースを皿に流し、その上に**6**を盛る。周りにベシャメッラとトマトソースを流す。仕上げに、アクアラーニャ産白トリュフを薄く削りかけ、マイクロハーブを飾る。

La cucina dell'italia centrale

TRADIZIONALE

チャリンボリ
Ciarimboli

中部イタリアは豚肉をよく食べる地域。マルケも例に漏れず、古くから、農家では晩秋になると豚を潰して解体し、生ハムやサラミなどにしました。そして残った腸を香草と共に干したのがチャリンボリ。調べると、アンコーナ西に位置するクプラモンターナ、スタッフォロ、モンテカロット、イェージで作られているそうですが、入手が難しい、珍味のようです。日本でも入手できませんので、新鮮な腸に塩、胡椒して低温オーブンで乾燥させ、代用しました。伝統料理では焼いて茹でたものに、茹で汁で煮たきゃべつを合わせます。

『Cucina Shige』石川重幸

材料（1人分）

チャリンボリ（豚の腸を香草とともに乾燥させたもの）… 80g
オリーブオイル … 適量
ローズマリー … 1枝
にんにく … 数片
きゃべつ … 適量
胡椒（挽きたて）… 適量
塩 … 適量

作り方

1. チャリンボリはフライパンに入れ、油とローズマリー、にんにくを入れる。塩、胡椒し強火にかけ、焼き色が付くまで炒めて取り出すⒶ。
2. 1のチャリンボリは、水を張った鍋に入れて火にかけ、1時間ほど煮て取り出す。煮汁は取っておく。
3. 1の残りのフライパンからにんにくとローズマリーを取り除き、2の煮汁を少量加え、大きめに刻んだきゃべつを入れて火を通す。
4. 皿に2を盛り、3のきゃべつを添える。

Ⓐ

チャリンボリのインサラータ

再構築Tema13

INTERPRETAZIONE

La cucina dell'italia centrale

チャリンボリをリストランテ料理として考え、夏から秋にかけてのアンコーナの風景をイメージして再構築しました。腸の部位は焼き肉などでは人気部位ですし馴染みもありますので、再構築に当たってはグリルしました。軽やかにして腸の甘みを活かしたいので、夏の食材としてマルケが特産のウイキョウ、それに秋の初めの食材としてカーボロネロを合わせます。チャリンボリはトマトで煮込みにもするそうですので、トマトも合わせました。

『Cucina Shige』石川重幸

材料（4人分）

小腸 … 200g（下茹でしてからグリル）
フルーツトマト（スライス）… 4個
ウイキョウ（スライス）… 1株
赤玉ねぎ（スライス）… 1/4個
カーボロネロ（スライス）… 数枚
アスコリ産グリーンオリーブ
　　　　　　　　（スライス）… 適量
バジル … 適量
フルーツトマトソース … 適量
赤ワインビネガー … 適量
タップナードソース … 適量
E.X.V.オリーブオイル … 適量
塩・胡椒 … 各適量
レモン汁 … 適量

作り方

1. 小腸は下茹でする。煮汁は取っておく。
2. ウイキョウ、カーボロネロは、一度茹でてから冷水で冷まし、水けをきっておく
3. 1の小腸は、グリルパンでグリルするⒶ。同時に、2とフルーツトマト、赤玉ねぎ、オリーブをボールに入れ、E.X.V.オリーブオイル、赤ワインビネガー、塩、胡椒で味をしてサラダを作る。
4. 皿にセルクル型を中央に置き2、3のサラダ入れる。焼き上がった3の小腸に、塩、胡椒、レモン汁、E.X.V.オリーブオイルをして、サラダの上に盛る。周りにタップナードソースを点状にのせ、1の茹で汁とレシチンで立てた泡をのせる。

Ⓐ

TRADIZIONALE

肉のパッサテッリ
Passatelli di carne

マルケ北部を中心に、ロマーニャ地方でも見られる名物パスタです。ポテトマッシャーに似た器具を押し付けて押し出し、ブロードで茹でてそのまま出す「イン・ブロード」の料理です。まだ日本では馴染みの薄いこのパスタの、さらに珍しいバージョンが、肉を使ったパッサテッリです。パン粉、パルミジャーノは控えめにして、挽き肉をメインに配合し、生地にします。作ってみると、私が今までに習った料理とニュアンスが違い過ぎて、少し驚きました。個人的には、パスタというよりはニョッキ的な食感。肉のニョッキという印象です。

『薫風 湘南』芳片 聡

材料（4人分）

- 成牛肉のフィレ肉 … 300g
- ほうれん草 … 200g
- パルミジャーノ（すりおろし） … 約100g
- パン粉 … 80g
- 牛の骨髄 … 30g
- バター … 30g
- 卵黄 … 4個
- ブロード … 1200㎖
- ナツメグ … ひとつまみ
- 塩 … 適量

作り方

1. ほうれん草の汚れを落としてよく洗い、沸騰させた湯で茹でる。茹で上がったら、よく水けを絞ってみじん切りにする。
2. フィレ肉は細かく挽く。可能ならば2回ミンチにかける。
3. 骨髄とバターを裏漉ししてボールにとり、**1**、パン粉、パルミジャーノ60g、卵黄、ナツメグ、塩を加え、よく混ぜ合わせる。最終的な出来上がりは固めである**Ⓐ**。
4. **3**にパッサテッリを押し付け、パスタを作る**Ⓑ**。
5. ブロードを沸かし、煮立ったらを**4**を入れ、数分間煮て、ブロードとともに器に盛る。残りのチーズを添えてすぐにサービスする。

INTERPRETAZIONE

La cucina dell'italia centrale

ウチワエビのパッサテッリ
再構築Tema 3

エビで作ったパッサテッリです。ウチワエビをメインに、天使のエビを合わせました。エビのみそも使うことで、エビの風味を格段に高めています。また、エビは種類によっては殻も利用できますので、粉末にして添えます。エビの身、みそ、殻と、エビ全部が入っています。なお、パッサテッリの生地は固いと押し出しにくく、逆にやわらかいと短くなってしまいます。その頃合いが難しいので、生地の固さは各自で調整して見てください。

『薫風 湘南』芳片 聡

材料（4人分）

ウチワエビ … 1尾（大きいもの）
天使のエビ … 4尾（エビの身全部で150g）
エビみそ … 20g
バター … 20g
ほうれん草（ピューレ）… 100g
パン粉（全粒粉60％入りのパンを焼いて粉にしたもの）… 120g
卵黄 … 2個
エビパウダー（下記参照）… 20g
塩 … 少々

ミルト … 適量

◆エビのパウダー

材料
天使のエビの殻 … 200g
にんにく（みじん切り）… 1/2片分
エシャロット（みじん切り）… 20g
E.X.V.オリーブオイル … 適量
エストラゴン、タイム … 各適量
塩・胡椒 … 各適量
白バルサミコ酢 … 少々
鵠沼魚醤 … 少々

作り方
エビの殻は、にんにく、エシャロットとオイルでソテーし、エストラゴン、タイムと水を加えて煮る。塩、胡椒と白バルサミコ酢、魚醤を加え、漉して乾燥にかけ、ミルミキサーで粉にし、ふるいにかける。

作り方

1 ウチワエビと天使のエビは殻をむく。ウチワエビの殻は洗って取っておく。天使のエビのむいた殻は水とともに鍋に入れて火にかけ、漉してブロードを取っておく。漉して残ったエビの殻は、エビのパウダーに使う（下記参照）。

2 パッサテッリ生地を作る。1のウチワエビと天使のエビの身は、合わせてすり身にする。

3 エビみそとバターを練り合わせ、2、ほうれん草、パン粉、卵黄を加えて捏ね、冷蔵庫で半日寝かせる。

4 3の生地をパッサテッリで押し出し、1のエビのブロードに塩を加えたもので茹でる。

5 器にブロードとともに盛り付け、1のウチワエビの殻を飾る。エビのパウダーに塩を混ぜたものをミルトとともに別皿に入れて添える。

TRADIZIONALE
アンコーナ風ブロデット
Brodetto all'anconetana

海岸線の長いイタリアでは、漁港のあるところ、漁師料理から発展したさまざまな魚介のスープがあります。イタリアを取り巻く海の中でも、アドリア海は豊富な魚種と漁獲量の多さで知られ、そこに面したマルケ州は、魚介の名物料理としてブロデットが有名です。しかも同州の北から、ファーノ、アンコーナ、ポルト・レカナーティ、サン・ベネデットの港町には、それぞれの特徴的なブロデットがあると言われています。13種類の魚介を使うこのブロデットは、アンコーナ風。必ず13種類の魚介を使うのが、この料理の決まりです。ただし、「13」に特に意味は無いそうで、魚種の多さを意味しているそうです。カサゴが味のベースですので、他の小魚の種類は別として、カサゴは必ず入ります。

『薫風 湘南』芳片 聡

材料 (6人分)

小ヒメジ、サバ、ヌマガレイ、小ヒラメ、大手長エビ、ボラ、シャコ、カサゴ、小スズキ、小メルルーサ、ヤリイカ、コウイカ、カレイ、サメ、カサゴ、小ウナギなど
　　　　　　　　　　　　…計1.5kg

トマト … 700g
玉ねぎ(極薄切り) … 1個分
にんにく(みじん切り) … 2片分
イタリアンパセリ(みじん切り) … 50g
オリーブオイル … 150g
白ワインビネガー … 半カップ
全粒粉パン … 数切れ
塩・胡椒 … 各適量

作り方

1. 魚の下処理をよくし(13種類が入っていなければいけない)、洗って水分をきっておく**A**。
2. テラコッタの平鍋に、オイル、玉ねぎを加え、弱火にかけて炒める。
3. にんにくとパセリを入れて、カサゴ、ちぎったホールトマトを入れ、常に弱火で煮る。
4. カサゴに火が通ったら骨をのぞいて、裏濾し器にかけ、汁を容器に受ける**B**。
5. コウイカ、ヤリイカ、そしてシャコと手長エビ、そして残りの魚を入れ、最後にメルルーサとカレイを加える。
6. 鍋が煮立ってきたらワインビネガーを入れ、蓋をはずしたまま弱火で15分間煮る。煮汁はかなり濃い状態にする。
7. スープ皿にスライスしたパンをしき、ブロデットを注ぐ。鍋の魚介類を彩り良く盛り付ける。

A

B

INTERPRETAZIONE

湘南ブロデット 再構築Tema 1 3

島根・浜田漁港の協力を得て、20種類もの魚介を使いアンコーナ風を超える料理を作りました。伝統料理は迫力のあるボリュームですが、リストランテで出すには大きすぎます。リストランテで出す料理としてアレンジを考えた時、種類が多いなら少しずつを盛り付ける料理にしようと思いました。それらを飽きさせずに食べていただくには、焼くよりコンフィが適していると思い、魚種の身の個性に合わせて一つ一つの処理に手間をかけ、温製サラダのイメージで前菜に限りなく近い料理に仕立てました。ただし味わいは伝統料理の枠内を守り、さばいた魚のアラで取ったブロードを魚に吸わせることで、最終的な味の一体感を出しています。

『薫風 湘南』芳片 聡

材料（2人分）

カサゴ … 15g×2
真鯛 … 15g×2
イサキ … 15g×2
ケッパー … 10粒
タイム … 1本
オイル … 適量

ユメカサゴ … 15g×2
ホウボウ … 15g×2
ミニトマト（半割り）… 4個分
トマト塩 … 少々
オイル … 適量

黒ムツ … 15g×2
甘鯛 … 15g×2
ディル … 1本
オイル … 適量

アジ … 15g×2
サワラ … 15g×2
レモンピール … 1/2個分
オイル … 適量

舌ビラメ … 15g×2
カラスミパウダー … 少々
油 … 適量

ウチワエビ … 1尾
天使のエビ … 1尾
オイル … 適量

穴子 … 15g×2
白ワイン … 適量
塩 … 少々
E.X.V.オリーブオイル … 少々

本バイ貝 … 2粒
ミルト … 1g
魚介のブロード … 適量

真イカ … 胴体とゲソを合わせて50g

ハマグリ … 4個
アサリ … 4個
シジミ … 50g
イタリアンパセリ … 適量
ミニトマト … 300g
ポロねぎ … 30g
水 … 適量
白ワインビネガー … 15cc
E.X.V.オリーブオイル … 適量

塩・胡椒 … 各適量
魚介のブロード … 適量
エビのパウダー … 少々
パン粉（全粒粉のパンで作ったもの）… 少々

作り方

● 具材になるすべての魚介（13種類以上）を15gくらいのサイズに仕上げる。
● マリナートの塩分濃度は0.6%にする。身質や魚の形によって加熱後のほぐれ方が違うので、マリナートの仕方を変える。
● コンフィは魚種ごとに材料とともに真空袋に入れ、温度管理しながら火を入れる。
● 掃除した魚のアラで、ブロードを取っておく。

1　カサゴ、イサキ、真鯛は、塩でマリナートし、オイル、ケッパーと炙ったタイムと共に58℃でコンフィにする。

2　ユメカサゴ、ほうぼうは、塩でマリナートし、オイル、ミニトマトとトマト塩と共に58℃でコンフィにする。

3　黒ムツ、甘鯛は、塩でマリナートし、オイル、ディルと共に58℃でコンフィにする。

4　鯵 鯖は、塩でマリナートし、オイル、レモンピールと共に43℃半生に火を通す。

5　舌平目は、塩でマリナートしカラスミパウダーをふってからロールして爪楊枝で留め、58℃でコンフィにする。

6　穴子は白ワインと塩で洗い、水けを取る。表面にE.X.V.オリーブオイルをぬり、ラップで包み、85℃で竹串がすっと通るまで蒸す。

7　1〜6の魚は、火入れしたのち、真空袋から取り出し、魚介のブロードに浸し、58℃で含み煮のように染み込ませる。

8　ウチワエビ、天使のエビは殻から身を取り出し、塩でマリナートし、オイルと共に53℃でコンフィにする。

9　本バイ貝は殻から身を外し、掃除をして、湘南産のミルトと魚介のブロードで2分茹でる

10　真イカは胴に格子に切り込みを入れ、熱した網でさっと炙る。ゲソはさっと茹でてから網で炙る。

11　ハマグリ、シジミ、アサリを鍋に入れ、水を注いで火にかけ、イタリアンパセリを加えてだしを取る。殻は捨てる。

12　ミニトマトとポロねぎを軽くソテーしたのち、水300㎖を加えてゆっくり甘みを出すように煮詰める。

13　11の貝のだしと身、白ワインビネガーを加え、塩と胡椒で整えミキサーにかけピューレにする。

14　皿にそれぞれの魚介を盛り付け、13のピューレとオリーブオイルをふりかける。エビのパウダーとパン粉を軽くふる。

La cucina dell'italia centrale

TRADIZIONALE
Lazio
ヴィテルボ風ミネストラ
Minestra alla viterbese

ミネストラは家庭料理で、作ったその日はそのままスープとして、翌日はパスタと合わせ、さらにその翌日は具材をペーストにしてソースに使うなど、使い回しがきく料理です。その地で採れた、季節の野菜をたくさん使います。それに加えて州北西部にあるヴィテルボでは、セモリナ粉も入れてポタージュ状に仕上げるのが主流。食べたときのテクスチャーはもったりと重めな一方、水だけで野菜を煮込むため、味は淡白に仕上がります。バターとチーズでコク出しをしますが、それでも食後感は軽めで胃もたれしません。

『Taverna I』今井 寿

材料（4人分）

セモリナ粉 … 50g
バター … 30g
玉ねぎ（薄切り）… 1個分
ズッキーニ（拍子木切り）… 1本分
にんにく（みじん切り）… 1片分
セロリ（みじん切り）… 少々
イタリアンパセリ（みじん切り）… ひとつかみ
バジリコ（みじん切り）… 適量
人参（すりおろし）… 1本分
じゃが芋（すりおろし）… 1個分
完熟トマト（皮を無断いて粗みじん切り）… 1個分
パルミジャーノ（すりおろし）… 適量
塩 … 適量

作り方

1. 鍋に1ℓ強の水と野菜すべてを入れ塩をして15分間煮る。
2. セモリナ粉を雨のように降り注ぎ🅐、混ぜてから、さらに15分間火にかける。
3. 火から下ろし、バターとチーズを混ぜ込み、器に盛る。

INTERPRETAZIONE

La cucina dell'italia centrale

農園風ミネストラ

再構築Tema 1

家庭料理のミネストラを、リストランテで出せる料理としてアレンジしました。"二層のミネストラ"を考え、伝統料理のミネストラをミキサーで回したポタージュに、野菜の食感を残したミネストラをのせました。濃度を変えることで喉越しを良くし、調和のとれた料理にします。味は淡白なままなので、お好みでうま味やコクを追加できるよう、グアンチャーレとペコリーノ・ロマーノを添えました。ローマでよく食されるこれらの食材で、ラツィオ州を強調。具材を加えなければベジタリアンフードになりますし、年配のかたにもご提案できます。

『Taverna I』今井 寿

材料（1人分）

ミネストラ（左ページ参照）… 180㎖
玉ねぎ（角切り）… 25g
ズッキーニ（角切り）… 25g
人参（角切り）… 20g
セロリ（角切り）… 20g
カルチョーフィ（下茹でしたもの）… 2個
にんにく（みじん切り）… 1/2片
オリーブオイル … 適量
塩・胡椒 … 各適量
ドライトマト … 少々
グアンチャーレ … 適量
ペコリーノ・ロマーノ … 適量
ローズマリー … 1本

作り方

1 鍋にオリーブオイルとにんにくを入れ、弱火にかける。

2 香りが出たら、玉ねぎ、ズッキーニ、人参、セロリを入れ、塩をふり、しんなりするまで炒める。

3 カルチョーフィ、水360㎖を加え、野菜がやわらかくなるまで中火で15分煮たら、塩、胡椒で味を調える。

4 ミネストラは温め、なめらかになるまでミキサーで回す。

5 器に4を流し入れ、3を上にのせるⒶ。ドライトマトを飾り、器にグアンチャーレ（油をひかずに焼き乾燥させたもの）、ペコリーノ・ロマーノ、ローズマリーを飾る。

Ⓐ

TRADIZIONALE

大エビのテラコッタ鍋煮
Mazzancolli al coccio

エビは、新鮮なものを使わないと臭みが出てしまう、ごまかしのきかない食材です。その鮮度を活かした漁師料理がこの一品。「マッツァンコッリ」とは、ローマの方言で「車エビ」のこと。調理法は至ってシンプルで、冷たいままのオリーブオイルにエビを並べて揚げ、白ワインとブランデーを加え煮た後にレモンを絞るだけ。オイルが冷たい状態から火を入れることで、オイルにエビの風味がじっくりと移って行きます。辛口白ワインとブランデーは何を使ってもいいのですが、今回はその土地の風土に合わせてラツィオ州のD.O.C.ワイン「フラスカーティ」と、エビの色が鮮やかに出て、甘みがぐっと引き立つグラッパを使いました。特にブランデーは、コニャックで代用しても美味しく仕上がります。エビの頭から尻尾まで余すところなく食べられる料理であり、煮詰めたオイルはパンなどにつけて食べるのもお勧めです。

『Taverna I』今井 寿

材料 (4人分)

大エビ (マッツァンコッリ) … 1kg
オリーブオイル … 100g
ブランデー … 小グラス半量
白ワイン … 1カップ
レモン汁 … 半個分
塩・胡椒 … 各適量

作り方

1 エビは頭を残して殻をむき、軽く粉 (分量外) をする。
2 陶器鍋または耐熱皿にオリーブオイルを注ぎ、1のエビを並べる。
3 鍋を火にかけ、きれいな色がつくまでひっくり返しながら揚げる❹。
4 ブランデー、ワイン❺、塩、胡椒を加える。
5 水分がほとんど煮詰まるまで置いておき、エビにレモン汁半個分をふりかける❻。
6 すぐに4つの陶器鍋に盛り付け、サーブする。

La cucina dell'italia centrale

INTERPRETAZIONE

大エビの白ワイン蒸し
チーズのニョッキ添え 再構築Tema 1 3

リコッタチーズのニョッキとエビ、クロッカンテに、エビのうま味が凝縮されたオイルをソース代わりに使い、リストランテ料理に組み立てました。ニョッキがソースを吸収する役割を果たしますが、好みに応じてオイルソースを別添えにしてもいいと思います。伝統料理のレシピでエビを揚げ煮すると、どうしてもエビが硬くなってしまいます。そのためエビに火が入ったら一度引き上げ、残ったオイルに白ワインとブランデーを加えてソースを作る方がいいでしょう。ラツィオ州のニョッキはじゃが芋やペコリーノ・ロマーノを使うのが一般的ですが、それだとエビの淡白な味を邪魔するため、リコッタを使用しました。そこに食感のアクセントとコクの増幅を狙い、クロッカンテを差し込んでいます。またレモン果汁では酸味が立ちすぎるため、皮を削りかけることで風味だけを活かしました。目でも楽しめるようエビの赤、ニョッキの白、レモンピールが映える黒い皿を使用しました。

『Taverna I』今井 寿

材料（1人前）

大エビのテラコッタ鍋煮
　　　（169ページ参照）… 4尾

ニョッキ（作りやすい分量）
リコッタチーズ … 250g
グラナ・パダーノ … 75g
卵黄 … 1個分
薄力粉 … 50g

生ハム（スライス）… 適量
セルフフィーユ … 適量
レモンピール … 適量

作り方

1 生ハムのクロッカンテを作る。オイルをしかないテフロンパンに生ハムを広げて入れ、クッキングシートをかぶせて重しをのせ、火にかけてカリカリに焼き上げる。

2 ニョッキを作る。ボールに全材料を入れ、手でこねる。1個15gにまとめ、中央を指で凹ませる。

3 鍋で水を沸かす。沸騰したら水に対し1％の塩（分量外）を入れ、2を入れる。浮いてきたら2分茹でる

4 茹で上がったものは水けをきり、温かいところで保存するⒶ。

5 器にニョッキ、1のクロッカンテ、大エビのテラコッタ鍋煮の順に重ねる。テラコッタ鍋煮のオイルをかけ、セルフィーユを飾り、仕上げにレモンピールを削りかけるⒷ。

Ⓐ

Ⓑ

TRADIZIONALE

レンズ豆のズッパ
Zuppa di lenticchie

レンズ豆のズッパは、ラツィオだけでなくイタリア各地にある料理。レンズ豆はその豆の形がコインのように円形であることから、「お金が貯まるように」とどの地域でも年越し料理として食べたりします。料理名がズッパということで、スプーンですくって食べる水分量の多い料理を想像するところを、ラツィオのこの料理はかなり水分を飛ばして濃度を高め、ブルスケッタとして温かいままパンにのせて出すのが特徴といえるでしょう。

『a』宮川健一

材料（4人分）

レンズ豆（乾燥）… 200g
水 … 1500㎖
ラルド（豚の背脂の塩漬け。
　　　すりつぶしたもの）… 50g
オリーブオイル … 適量
セロリ（みじん切り）
… 1〜2本分
玉ねぎ（みじん切り）
… 1個分
にんにく … 3片
トマトソース … 少々
塩・胡椒 … 各適量
クロスティーニ … 適量

作り方

1　レンズ豆はよく洗って容器に入れ、たっぷりの水（分量外）に漬けて一晩置く。
2　翌日、水面に浮いた豆は捨て、ゴミなどを取り除いてザルにあける。
3　テラコッタの容器に入れ、分量の水を注ぎ、非常にゆっくりと過熱する。
4　小鍋にラルド、玉ねぎ、セロリを入れ、3〜4杯の油、つぶしたにんにくを合わせる。ゆっくりと過熱する。
5　にんにくがきつね色になったら取り出し、トマトソースを溶かしたレードル1杯の熱湯を注ぎⒶ、塩、胡椒をする。
6　20分後に3に注いで混ぜⒷ、塩をして煮続ける。
7　パンのクロスティーニをオーブンでトーストし、つぶしたにんにく（分量外）を擦り付け、個々の深皿に並べる。6が煮えたら、その汁とともにパンの上に注ぎ、すぐにサービスする。冬の料理である。

INTERPRETAZIONE

La cucina dell'italia centrale

レンズ豆の ティンバッロ・フレッド

再構築Tema 1 3

伝統料理のレンズ豆のズッパを最初に作ったときに感じたのは、同じ縁起物の日本のお雑煮（またはお餅入りの小豆）のようなものだということでした。温かいまま出す豆料理となると、リストランテではコントルノと脇役になってしまいます。日本では豆の煮物は熱々で食べることはあまりない。この料理も冷めたものも美味しかったので、日本人向けのアレンジとして冷たく冷やして主役とし、アンティパストしてみました。オリーブオイル入れて冷やすことで濃度を出し、型抜きします。バーの代わりに、トウモロコシのスプラウトをさしました。

『a』宮川健一

材料（4人分）

レンズ豆（乾燥）… 100g
ラルド（豚の背脂の塩漬け。みじん切り）… 25g
オリーブオイル … 適量
トマトソース … 50g
セロリ（みじん切り）… 1本分
玉ねぎ（みじん切り）… 1個分
にんにく … 1.5片
塩・胡椒 … 各適量
風呂吹き大根（大根、ブロード、塩）… 4個
イタリアンパセリ（みじん切り）… 適量
コーンスプラウト … 適量

作り方

1 左ページ1～6の要領で、レンズ豆のズッパを作る。
2 ボールに入れ、オリーブオイルを注ぎ、氷水に当てながら混ぜて冷まし、濃度を付ける🅐。
3 大根を、塩をしたブロードで煮て風呂吹き大根を作り、丸型で抜いてイタリアンパセリをふり、その上に2の豆を詰める🅑。
4 器にのせて丸型を抜き、コーンスプラウトを飾る。

🅐
🅑

TRADIZIONALE

ローマ風仔羊の煮込み
Abbacchio alla romana

カッチャトーラは、「猟師風」の名が示すようにイタリアで各地の猟師のスタイルの料理があります。このため伝統的料理でも、地域名がないと料理内容に混乱することがあります。その多くが鶏肉を使ったもので、トマトを使うこともあれば、山の料理として茸を加えるものもあります。ラツィオ州のカッチャトーラは、仔羊肉を使った料理で、白ワインで煮込んだ"白い料理"。にんにくの風味をきかせ、アンチョビの塩けで楽しませます。

『a』宮川健一

材料（4人分）

仔羊肉の塊（アバラと腎臓のついているもの）
　　　　　　　　　　　　　　　　　… 1 kg

オリーブオイル … 50 g
ローズマリーの葉 … 1枝分
にんにく … 2.5片
塩漬けアンチョビ … 2枚
白ワインビネガー … 適量
塩・胡椒 … 各適量

作り方

1　仔羊肉は、同じ大きさの塊に切る。

2　オイルとつぶしたにんにく2片をフライパンに入れ、火にかける（現在では少量のバターを合わせる）。そのまま加熱し、仔羊の肉を並べて中火で炒め、塩、胡椒する。

3　ローズマリーの葉、洗って骨をはずしたアンチョビ、残りのにんにくを乳鉢ですり潰し、好みで少量またはたくさんの数杯のワインビネガーを注ぐ。

4　仔羊の準備が出来たら、（調味料が多すぎるようならば、一部を別にしておく）このソースを上から注ぎ❹、混ぜて、ワインビネガーが蒸発するようにする❺。

5　肉を切り分け、温めたサービス用の皿に盛り付け、上に4の煮汁をかける。

Ⓐ

Ⓑ

INTERPRETAZIONE

骨付き仔羊の網焼き ブルサンチーズとバイオレットマスタードを添えて

再構築Tema 1

ラツィオの伝統的なカッチャトーラを、現代的なリストランテ風にするとどういう料理になるか、というテーマでアレンジしました。伝統的には煮込み料理のところを、仔羊の繊細な風味を楽しませたいので、オーブンを使ってじっくりと火を入れ、赤ワインソースを合わせました。上の白いものはにんにくとマスカルポーネを合わせたものです。伝統料理では、にんにくの香りが直接伝わり上品さに欠けますので、マスカルポーネと合わせてデリケートな味わいに。伝統的には白い料理だったものが、赤い料理に仕上がりました。

『a』宮川健一

材料（1人分）

仔羊ロース肉 … 140g
塩・胡椒 … 各適量

赤ワインソース（下記参照）… 12g
バイオレットマスタード … 適量
ブルサンマスカルポーネ（ブルサンチーズ1
　：マスカルポーネ3を合わせたもの）… 適量
紫スプラウト … 適量
サニーレタス … 適量

赤ワインソース
バター … 4g
赤ワイン … 50g
フォンドボー … 50g
アンチョビ（フィレ）… 1枚
塩・胡椒 … 各適量

作り方

1　仔羊ロース肉を掃除する。余分な部位をカットし、骨の周りの膜は、剥がすようにして取り除くⒶ。

2　塩、胡椒をし、オイルを熱したフライパンに脂身の側から入れ、出てきた脂をかけながら焼くⒷ。

3　全体に焼き色を付けたら、オーブンで中心まで火を入れ、取り出して温かいところで休ませておく。

4　赤ワインソースを作る。鍋にバターとアンチョビを入れて熱し、赤ワイン、フォンドボーを加え、塩、胡椒で味を調える。

5　サニーレタスをのせた皿に3の肉をカットして盛り付け、ブルサンマスカルポーネをのせ、紫スプラウトを添える。4のソースを流す。

南部イタリアの伝統料理＆現代料理

アブルッツォ
TRATTORIA **ARCI-GOLA**
村山雅彦

RISTORANTE **divo-diva**
西沢昭信

モリーゼ
DA FUCHIGAMI HAKATA
渕上兼督

カンパーニア
CUCINA ITALIANA **La Barca**
飛矢和行

Cucina Jita
藤田　博

プーリア
Antichi Sapori
山崎大輔

kashirajima restaurant **cucina terada**
寺田真紀夫

バジリカータ
RISTORANTE **ALVERO**
木村忠敬

Ristorante **Miyamoto**
宮本健真

カラブリア
CIELO E MARE
矢口喜章

シチリア
TORATTORIA **CHE PACCHIA**
岡村光晃

Ristorante **p.e c.**
小林寛史

サルデーニャ
RISTORANTE **ALVERO**
木村忠敬

Ristorante Ogawa
小川洋行

※料理名下の「再構築Tema」とは、右の3つを指します。これらの中から1つまたは複数を各シェフに選んでいただき、それをテーマに伝統料理を現代料理に再構築しています。

1 リストランテ料理に再構築する。
2 地元を21番目のイタリア州と仮定して再構築する。
3 伝統料理にインスピレーションを受けて新料理に再構築する。

TRADIZIONALE
Abruzzo

豚足と皮入りパスタ・エ・ファジョーリ
Pasta e fagioli con zampini e cotenne

豚皮、豚足に加え、豚の尻尾も入る、いんげん豆の料理です。必ずショートパスタが入ります。豚の皮や尻尾など、本来なら捨てる部位を使うために、臭み抜きで手間と時間をかけて茹でこぼし、作ります。典型的な庶民の料理といっていいでしょう。しかも冬に食べられる料理です。それでなくてもアブルッツォは州の内陸部は標高が高く、気温も低いので、このようなカロリーを求める料理が伝えられてきたのでしょう。味付けは塩のみで、豆の甘みと豚の脂の甘みで味わう素朴な一品です。

『TRATTORIA ARCI-GOLA』村山雅彦

La cucina dell'italia meridionale

材料（4人分）

豚足 … 1本
尻尾 … 2本
豚皮 … 適量
筒状タイプのパスタ … 200g
乾燥白いんげん豆 … 100g
月桂樹の葉 … 1枚
塩・胡椒 … 各適量

作り方

1 前夜に白いんげん豆をぬるま湯に浸しておく。

2 豚足、尻尾、皮は、塩をして冷蔵庫で水抜きをし、湯で洗ったら、冷蔵庫で乾かし、油を熱した鍋で焼き色を付ける。水を加えて肉から骨が外れ、小片になるまで茹でる。

3 翌日水切りして鍋に移し、豆を覆う程度の水と月桂樹の葉を入れる。

4 時々豚足の茹で汁を加えながら豆を茹でる。双方に火が通ったら、豚のブロードを漉す。

5 **4**のブロードの脂を除き、鍋に入れてそこでパスタを茹でる。茹で上がる少し前に、豚肉と豆をその煮汁と共に加える**A**。

6 サービスする前に挽きたての胡椒をふりかける。

A

INTERPRETAZIONE

パッケリ コテキーノ仕立て

再構築Tema 1

材料は、豚皮に豚足、尻尾と、余りものを使った料理です。材料を見て豚の尻尾まであると知り、それは入手が難しいのではないかと困っていました。しかし元の本を見ると、「豚足のゼラチン固めのように準備する」と書いてあり、これらの材料を使うのは、ゼラチンが必要なのであって、その材料を使うことに意味があるのではないと理解し、尻尾はあえて入れず、豚足と皮で作ることにしました。シンプルで滋味深い料理ですので、味わいに手を入れることはぜず、「豆とパスタは必ず入る」「豚の余りものを使う」は変えず、要素をバラバラにしてリストランテで出せるよう再構築し、見た目は新しくても口の中で伝統料理が再現できるよう考えました。中に入れるパスタを外に出して器代わりとし、その中に煮込んで濃度を出したズッパを詰めます。皿にはいんげん豆をピューレにして流し、口当たりをなめらかにすると共に、パスタの土台として利用しました。

『TRATTORIA ARCI-GOLA』村山雅彦

材料（4人分）

パッケリ … 12個

豚足 … 1本
尻尾 … 2本
豚皮 … 適量
月桂樹の葉 … 1枚

乾燥白いんげん豆 … 100g

塩・胡椒 … 各適量

パルミジャーノ（すりおろし）… 適量

ローズマリー … 適量

作り方

1. 白いんげん豆は、前夜にぬるま湯に浸しておく。
2. 181ページ2〜4の要領でいんげん豆を入れる前のズッパを作り、煮詰め、絞り袋に入れる。
3. 1のいんげん豆は、鍋に入れて水を注ぎ、火にかけて茹でる。
4. 3がやわらかく茹で上がったら、ピューレ状にし、塩、胡椒で味を調える。
5. たっぷりの湯に塩を入れ、パッケリを茹でる。
6. 5が茹で上がったら水けをきり、1人分3個のうち、1個は2を絞り入れる。残り2個はカットして帯状にし、2を絞って二つ折りにする❹。
7. 4を皿にのせ、6を盛り付ける。パルミジャーノをふり、ローズマリーを飾る。

❹

TRADIZIONALE

仔羊のブロデッタート
Agnello brodettato

角切りにした仔羊肉をブロードやワインで煮込む料理で、その煮汁を卵とレモン汁でつないでかけるのが特徴です。この料理は、文化的にも近いラッツィオやウンブリアでも郷土料理として知られています。そうしたことから、この料理紹介では「地域によって『胡椒と卵風味の仔羊』『卵とレモン酸味風味の仔羊』と呼ばれる」と解説しています。私は1980年台にローマで食べたことがあり、その時は豆が入っていました。その味わいに感動し、90年台後半から自分の店でも作っています。前日に仕込んでおけば、翌日に温めるだけで出せる重宝な料理です。中部イタリアでは肉は羊を使うことが多く、この料理にはモモ肉かバラ肉を用い、やわらかくなるまで2時間ほど煮込みます。この煮汁に卵を使う理由は、復活祭でご馳走感を出すために入れたという説もありますが、ソースの味わいをまろやかにするのも目的としてあったのではないかと思います。

『TRATTORIA ARCI-GOLA』村山雅彦

材料（10人分）

仔羊肉 … 約2kg
生ハム（粗みじん切り）… 150g
辛口白ワイン … 500㎖
ブロード … 500㎖
ラード … 大さじ1
卵黄 … 3個分
玉ねぎ（薄切り）… 3〜4個分
小麦粉 … 適量
ナツメグ … 適量
レモン汁 … 1/2個分
塩・胡椒 … 各適量

作り方

1 ラードと生ハム、玉ねぎを入れた大き目の鍋（出来るならばテラコッタまたは耐熱皿）を火にかける。低温で炒め、胡椒をしてナツメグひとつまみで香りを付ける。

2 仔羊肉は小片に切り、たっぷりと粉をする。

3 2を1に入れて炒め、注意深くひっくり返しながら色を付けたら、ブロードをかける。

4 ブロードが煮詰まったらワインを注ぎ、肉にも胡椒をして、中火で煮続ける Ⓐ。

5 仔羊肉は2時間ほど煮たら、鍋から取り出し、熱した皿に盛り付ける。

6 5の鍋の煮汁は、火から下ろしてレモン汁半個分と卵黄3個を混ぜたものを合わせ、常に混ぜながら鍋を1分間弱火にかけ、ソースを5の肉に漉しかける。

Ⓐ

INTERPRETAZIONE

仔羊のロースト 復活祭風

再構築Tema 1

186

この料理も、リストランテで出すことを考え、構成要素をバラバラにして再構築しました。まず主材料の仔羊肉は、骨付きロース肉を使いました。そして煮込みではなくローストにしました。これは、仔羊肉は煮込み料理よりは、やはり香ばしくローストにした方が人気があるからです。独特のクセも、ローストの方がやわらぎ、食べやすくなります。これに、別に仔羊肉の汁とブロードをあわせて卵でつないだソースを添え、仕上げに生ハムを被せてサービスします。テーブルに持っていく間に肉の温度で生ハムの脂が溶け、半透明の中にロース肉が見えるという趣向です。生ハムは、伝統料理では煮汁の材料として使っているところを、ここでは直接肉に被せることで、皿の中で仔羊肉と生ハムの香りが合わさるように仕上げました。

『TRATTORIA ARCI-GOLA』村山雅彦

材料 (4人分)

仔羊骨付きロース肉 … 700g
生ハム (スライス) … 4枚
オリーブオイル … 適量
塩・胡椒 … 各適量

ブロード … 100㎖
卵黄 … 4個分
レモン汁 … 適量

イタリアンパセリ (みじん切り) … 適量

ホワイトアスパラ (茹でたもの) … 1本

作り方

1. 仔羊肉は塩、胡椒をし、オイルを熱したフライパンに脂身側から入れ、表面に焼き色を付けたら❹、オーブンでローストし、休ませておく。
2. ブロードを煮詰め、**1**で仔羊から出た肉汁、卵黄、レモン汁を加えてソースを作る❺。
3. **2**のソースを皿に流し、**1**の肉を骨を外して盛り付け、イタリアンパセリをちらす。ホワイトアスパラをカットして添える。最後に、肉の上に生ハムをかぶせる❻。

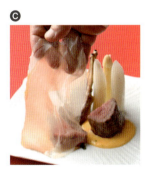

TRADIZIONALE

キタッラ風マッケローニ
Maccheroni alla chitarra

キタッラは、アブルッツォを代表するパスタ料理。このパスタを作るためには弦を何本も張った道具を使い、これがギター(chitarra)と形が似ているため、この名が付きました。のばした生地をこの道具にのせ、麺棒で押さえて切ることでヒモ状になり、断面が四角形になるのが特徴。コシがあり、モチモチとした食感で食べ応えがあります。丸形のロングパスタより麺にソースがからみやすいので濃厚なソースと相性がよく、合わせるソースは仔羊のラグーが一般的です。優しい味わいになる鶏肉もお勧めです。

『divo-diva』西沢昭信

材料（6人分）

セモリナ粉 … 500g
卵 … 5個
塩 … 少々
好みのラグー … 適量

作り方

1. 台の上に粉を置き、中央に卵を割り入れ、混ぜてから約20分間こね、次に約15分間寝かせておく。
2. 麺棒で、切り口が四角くなるように、キタッラの針金の間と同じ厚さにのばす。キタッラと同じ面積になるように生地を切り、その上にのせて、一枚ずつ麺棒で押さえて切る。生地がすべてなくなるまでこのように続ける Ⓐ。
3. 塩をしたたっぷりの湯を入れた鍋を火にかける。沸騰したらパスタを入れ、数分後に水きりをする。
4. 美味しいラグーと和えて器に盛る。

Ⓐ

INTERPRETAZIONE

キタッラのマッケローニ 京野菜風味

再構築Tema❷

La cucina dell'italia meridionale

このパスタは、家庭で作るお母さんの味ともいえる素朴さが魅力。その良さを活かしつつ、京都を21番目の州と想定した現代風のアレンジを考えた場合に、ソースは昔の味のままだとシンプルすぎるため、鶏の挽き肉を使い、白ワインや玉ねぎ、生ハムなどを加えてコクと深みを出したソースに仕上げました。また、京野菜のグリルを添え、彩りの良さにも配慮。本来はすりおろしたチーズを使うところを、パルミジャーノをチャルダに仕立て、パスタのモチモチ感に合わせてチーズのパリパリ感をプラスし、食感的にも楽しい仕掛けにしました。

——『divo-diva』西沢昭信

材料（4人分）

パスタ生地
強力粉 … 120g
卵黄 … 2個
水 … 20㎖
オリーブオイル … 10㎖
塩 … 少々

生ハム（スネの部分）… 40g
玉ねぎ（みじん切り）… 1/2個分
白ワイン … 60㎖
鶏挽き肉 … 200g
ブロード … 100㎖
堀川ごぼう … 適量
オクラ … 4本
ししとう … 4本
ラディッシュ … 4個
紫玉ねぎ … 1/2個

パルミジャーノ（すりおろし）… 40g
水菜 … 少々
山椒 … 少々

作り方

1. キタッラの材料を合わせ、左ページ1～2の要領でキタッラを作る。
2. ラグーを作る。生ハム、玉ねぎ、白ワインを加えて煮たら、挽き肉を加えて炒め、ブロードを注いで1時間煮込む❹。
3. 堀川ごぼう、オクラ、紫玉ねぎを軽く下茹でする。
4. 2のラグーに、3としししとう、ラディッシュを加え、軽く火を通す❸。
5. パルミジャーノを180℃のオーブンで3分ほど焼き、チャルダを作る。
6. 沸騰した湯に1％の塩を入れ、キタッラを茹でる。
7. 茹でたキタッラは水けをきって4に入れ、ソースと和える❻。
8. 器に盛り、5、水菜をあしらい、山椒をかける。

TRADIZIONALE

豚足のゼラチン固め
Zampini in gelatina

イタリア中部に位置するアブルッツォは、その2/3が山岳地帯を占め、歴史的にも食肉加工品が多く作られてきた牧畜が盛んな地域。豚や羊がよく食され、特に雑食性の豚は子どもをたくさん生み、飼育が簡易な家畜であったため、農村部においては豚を食べることは一般的でした。豚肉は栄養価の高いご馳走であり、捨てることなくあらゆる部位を食する中で、この一品はぶつ切りにした豚足をそのまま鍋に入れ、調味料はほぼ使わずに庭先にあるトマトだけで煮込むというシンプルさ。家畜だった豚を、ハムやサラミに加工した後に残った豚足を家庭の夕飯用に調理したであろう、まさに農村地ならではの素朴な郷土料理になります。豚足にはコラーゲンが多く含まれ、時間をかけてじっくり煮込むとゼラチン質が溶け出て、やわらかくトロトロの食感に仕上がります。さらにソースにも豚足のうま味が加わって上品なコクが楽しめます。よく煮込むことで身離れも良く、深い味わいが出てくる料理です。

『divo-diva』**西沢昭信**

材料（4人分）

新鮮な豚足 … 2本
バター … 30g
オリーブオイル … 30g
アニスの種 … ひとつまみ
塩 … 適量
トマトソース … 180㎖

作り方

1 豚足は毛を焼き、長い皿に並べて塩をし、斜めにして水が出るまで置いたら、冷蔵庫に入れ、時々ひっくり返しながら3日間寝かせる。

2 1はたっぷりの熱湯で洗い、水けを拭き取って冷蔵庫にもう1日寝かせる。

3 翌日取り出し、ぶつ切りにして、油とバターを熱した鍋で焼く。

4 アニスの種、塩をした熱湯をレードル1杯加え、煮詰まったらさらに水を加えながら煮る。

5 骨から肉が外れ、ゼラチン状になるまで豚足を煮続ける（このためには数時間を要する）。

6 半分ほど煮えた時点で、バラ色の汁になるようにトマトソースを加えてさらに煮る。

7 熱いうちに器に盛り付け、サービスする。

INTERPRETAZIONE

豚足のゼラチン固め 京野菜のグリル添え

再構築Tema③

調味料も野菜も使わず、ほぼ豚足を湯がくだけという昔ながらの豚足料理を、どうアレンジするかを考えた時に、私の店がある京都がイタリアの21番目の州であればどうするか、という観点から考えました。京都には生産者がこだわりを持って生産する伝統食材の京野菜が数多くあるので、素朴なイタリア料理の良さを活かしつつ、京野菜の風味を加えて現代の料理へとアレンジしました。まず、煮汁は豚足のいいだしが出ているものの、あまりにもあっさりとしているため、玉ねぎや人参、にんにく、赤唐辛子などを加えて煮込むことで野菜の甘みや赤唐辛子の風味を付加し、深みがあって立体的な味わいになるようにしました。また、京野菜はグリルして別添えにし、豚足の煮汁を付けながら食べるという趣向に。この時、豚足と一緒に煮てしまうと色彩的にも食感も悪くなるため、添えることで野菜の甘みや食感を楽しみつつ、口休め的に味わっていただければと考えました。野菜のカラフルな色目が加わることで、目でも楽しめる料理となりました。

『divo-diva』**西沢昭信**

材料（4人分）

豚足のゼラチン固め（191ページ参照）

玉ねぎ（みじん切り）… 1/2個分
人参（みじん切り）… 1/4本分
トマト（角切り）… 2個分
パセリ（みじん切り）… 少々
にんにく（みじん切り）… 1片
赤唐辛子（細かくしたもの）… 2本分
白ワイン … 50㎖
豚足をボイルした煮汁 … 100㎖
鶏のブロード … 100㎖

グリーンアスパラ … 4本
ピーナツかぼちゃ … 適量
ししとう … 4本
ピーマン … 1個
オクラ … 4本

しその実 … 少々
フェンネル … 少々
オリーブオイル … 40㎖
塩・胡椒 … 少々

作り方

1. 鍋にオリーブオイルを入れ、にんにく、赤唐辛子、玉ねぎ、人参を加えて中火で炒める。
2. **1**に「豚足のゼラチン固め」を加えて炒める。
3. **2**に白ワインを加え、アルコール分を飛ばし、豚足の煮汁、ブロードを加え、トマト、パセリを加え、弱火で約30分煮込む❹。
4. 食べやすく切った各種野菜をグリルする❺。
5. 器に**3**の豚足を盛り、**4**の焼き野菜を盛り付け、しその実とフェンネルをあしらう。

❹
❺

TRADIZIONALE
Molise
カヴァティエッレ 豚肉のラグー
Cavatielle al ragù di maiale

イタリア20州の中でも、比較的目立たない存在のモリーゼ州。その郷土料理として知られるのが、カヴァティエッレ。シチリアでカヴァティエッリ、プーリアでカヴァテッリなど、作り方も名前もよく似たパスタがありますが、カヴァティエッレはじゃが芋が入るためやわらかいのが特徴です。小さく切った生地を、台の上で指で押さえて成形します。コツは、やや強めの力で手前にゆっくりと引き付けること。力が弱いと生地が厚くなりすぎて、茹でた時にニョッキのようになってしまうからです。ソースは、唐辛子の辛味をきかせたラグーを合わせます

『DA FUCHIGAMI HAKATA』渕上兼督

La cucina dell'italia meridionale

材料 (作りやすい分量)

パスタ生地
じゃが芋 (でんぷん質の多い品種) … 1kg
セモリナ粉 … 300g
塩 … ひとつまみ

ラグー
豚肉 (小角切り) … 800g
玉ねぎ (みじん切り) … 1個分
にんにく (みじん切り) … 1片分
イタリアンパセリ (みじん切り) … 1本分
唐辛子 … 1本
トマトソース … 1000㎖
赤ワイン … 1カップ
オリーブオイル … 1/2カップ
生ハムの脂の部分 (みじん切り) … 1切れ分
塩 … 適量

ペコリーノ (すりおろし) … 適量

作り方

1 じゃが芋は皮付きで塩を加えた水に入れて茹でる。
2 茹で上がったじゃが芋は、皮をむいて裏漉しし、セモリナ粉を加えてやわらかい生地を作る。
3 2の生地は直径1cmほどの棒状にのばし、3cm長さに切ったら、人差し指と中指を揃えて押さえて手前に引き、カヴァティエッレを作るⒶ。
4 鍋にオリーブオイルと生ハムの脂、にんにく、玉ねぎ、イタリアンパセリを入れてソフリットを作り、唐辛子と豚肉を入れて炒める。
5 ワインを加え、トマトソース入れて、混ぜながら2時間ほど煮込むⒷ。塩で味を調える。
6 たっぷりの湯に塩を入れ、3を茹でる。
7 鍋に5のラグーを温め、茹で上がった6を入れⒸ、和えてから皿に盛る。ペコリーノをかける。

Ⓐ

Ⓑ

Ⓒ

INTERPRETAZIONE

ヤリイカとペスト・ジェノベーゼの
カヴァティエッレ すだちの泡添え

再構築Tema 2

モリーゼのパスタを、博多の食材に置き換えて再構築しました。博多の特産といえば、九州各地から集まる新鮮で味わい深い海の幸は外せません。そこでラグーの素材は、魚介類にしました。魚介類は、イタリアらしくヤリイカやムール貝、アサリを使用しましたが、季節の海の幸をふんだんに使用すると、より地域性が増すと思います。魚介のラグーでは、細かく刻んだヤリイカ、ムール貝、アサリなどでだしを取りながら、アンチョビの塩けもきかせて作ります。このラグーにカヴァティエッレをからめたら、力強い香りの九州のバジリコのペストを加えて香りを立たせると同時に、鮮やかな緑色に仕上げます。仕上げには、ウニ塩とすだちの泡を添えます。これらも博多でよく口にされている素材です。ハーブの爽快さにウニで磯の香りをプラスし、それをすだちの爽やかな香りで食欲を高めます。パスタの緑、ウニ塩の赤、すだちの泡の白と、彩りもイタリアンカラーに仕上がっています。

『DA FUCHIGAMI HAKATA』渕上兼督

材料

カヴァティエッレ（20人分）
- 00粉（カプート社製）… 450g
- セモリナ粉（カプート社製）… 300g
- 塩 … ひとつまみ
- 水 … 400g
- E.X.V.オリーブオイル … 大さじ6
- メークイン（蒸して裏漉ししたもの）… 400g

- ヤリイカ（細切り）… 60g
- ムール貝（細切り）… 60g
- アサリ … 100g
- にんにく … 1片
- 白ワイン … 適量
- セミドライトマト … 10個
- アンチョビ（フィレ）… 1本
- オリーブオイル … 適量
- E.X.V.オリーブオイル … 適量
- ペスト・ジェノベーゼ（下記参照）… 適量

- バジル … 適量
- パルミジャーノ（すりおろし）… 適量
- オリーブオイル … 適量
- 塩 … 適量
- ウニ塩（下記参照）… 適量
- すだちの泡（下記参照）… 適量

作り方

1. カヴァティエッレを作る。00粉、セモリナ粉、塩を振るいながらボールで合わせ、メークインを加えて混ぜ合わせる。
2. オリーブオイル・水を加え、さらに混ぜ合わせる。ある程度まとまったら冷蔵庫で1時間ほど寝かせる。
3. 冷蔵庫から取り出し、もう一度練り、195ページの要領でカヴァティエッレに成形する。
4. ソースを作る。フライパンに潰したにんにく、オリーブオイルを入れて弱火にかけ、香りを出す。
5. 香りが出たらにんにくを取り出し、アンチョビ、ムール貝、ヤリイカを軽くソテーしアサリを入れ、白ワインを加える。
6. ミネラルウォーター（分量外）を適量加え、アサリからだしを引き出したら、アサリを取り除き、E.X.V.オリーブオイルを加えて乳化させる。
7. たっぷりの湯に塩を入れ、3のカヴァティエッリを茹でる。
8. 7が茹で上がったら、水けをきって6のソースに加え、中火にかけながらからめ、ペスト・ジェノベーゼを加えてさらに和え❹、塩、胡椒で味を調える。
9. 皿に盛り付け、ウニ塩をふりかけ、すだちジュースの泡を添える。

Ⓐ

La cucina dell'italia meridionale

◆ **ペスト・ジェノベーゼ**

材料（作りやすい分量）
- バジル … 100g
- 松の実 … 40g
- アンチョビ … 5g
- にんにく … 1片
- パルミジャーノ（すりおろし）… 40g
- E.X.V.オリーブオイル … 100g

作り方
全ての材料をミキサーにかけペースト状にする

◆ **ウニ塩**

材料（作りやすい分量）
- ウニのペースト … 300g
- 卵黄 … 3個分
- ウニ塩 … 滴料
- 塩 … 適量

作り方
ウニのペーストと卵黄、塩を混ぜ合わせ、フライパンで水分が完全になくなるまでゆっくりとソテーしたら、フードプロセッサーで回しパウダー状にして、網などで裏漉しする。

◆ **すだちの泡**

材料（作りやすい分量）
- すだちの果汁 … 適量
- 大豆レシチン … 3%

作り方
すだちの果汁に大豆レシチンを入れて溶かし、エアレーションにかけて細かな泡を作る。

TRADIZIONALE

仔羊のチーズ卵風味
Agnello "cacio e uova"

モリーゼは、自治体として成立したのは1970年という、国内で最も歴史の新しい州。元はアブルッツォと同じ州だったこともあり、アブルッツォと同じ料理も多いそうです。山間地が多く、羊の飼育が行われていることから、羊肉を使った料理も多いようです。この料理も、そうしたモリーゼの伝統料理です。鍋で仔羊肉を炒めてワインで煮詰め、火が通ったらチーズなどを入れた卵を合わせてオーブンで焼き上げ、その鍋のままサービスします。調理の最初から提供まで、鍋一つで行うという、典型的な庶民の料理です。調理のポイントは、卵を流し入れる時に、鍋の中で肉と卵が均一に混ざるように配慮すること。卵と肉汁が合わさって火が入るようにすると、味良く仕上がります。

『DA FUCHIGAMI HAKATA』渕上兼督

材料（作りやすい分量）

仔羊肉（ぶつ切り）… 1kg
玉ねぎ（薄切り）… 1個分
オリーブオイル … 1カップ
ワイン … 1カップ
卵 … 8個
ペコリーノ（すりおろし）… 200g
イタリアンパセリ（みじん切り）… 1本分
ナツメグ … 少々
塩・胡椒 … 各適量

作り方

1. 鍋にオイルを熱し、玉ねぎを入れて炒める。
2. 仔羊肉を加え、焼き色を付けたらワインをふり入れ、アルコールを飛ばしたら、水を少しずつ足しながら煮るⒶ。
3. ボールに卵を割り入れ、ペコリーノ、イタリアンパセリ、ナツメグ、塩、胡椒を加えて混ぜる。
4. 3を2に、肉が均一になるように流し入れⒷ、150℃のオーブンで表面に焼き色が付くまで入れるⒸ。

Ⓐ

Ⓑ

Ⓒ

INTERPRETAZIONE

仔羊肉のロースト 野菜の芹ソース 温度玉子添え

再構築Tema1

伝統料理では鍋一つでできる庶民料理を、素材を分解してリストランテの料理に再構築し、一皿に盛り付けました。仔羊肉が主材料の料理として、肉の魅力を大切にしたいと思い、この料理では骨付きロース肉にし、調理法は煮込みではなくローストにします。野菜類は、伝統料理では玉ねぎしか入りませんが、その他の野菜も添えることで仔羊・野菜・卵とソースから生まれる味わいをより深められると考えました。これらを、肉とよく合う芹をソースにしてからめてから盛り付け、卵は甘みやとろみを仔羊や野菜とからめやすく、そしてナイフを入れる楽しさも考え、温度玉子として添えます。仕上げに黒オリーブ塩で色合いと味わいを締めました。温度玉子を崩し、全体を混ぜて食べていただくと、伝統料理のニュアンスは残しながらも、仔羊肉の味わい、芹の苦み、玉子のまろやかさが際立ち、魅力の高い一品にとして楽しめます。

『DA FUCHIGAMI HAKATA』渕上兼督

材料（1人分）

仔羊肉ラムラック … 60g
ローズマリー … 適量
にんにく … 適量
オレガノ … 適量

温度玉子 … 1個
芽きゃべつ（茹でたもの）… 適量
スナップエンドウ（茹でたもの）… 適量
オレガノ（フレッシュ）… 適量
黒オリーブ塩（下記参照）… 適量

芹のペーストソース（下記参照）… 適量

塩・黒胡椒 … 各適量

作り方

1. ラムラックは香り付けのため、ローズマリー、にんにくをのせ、オリーブオイルをかけてマリネしておく。
2. 1を取り出し、塩、胡椒をし、オリーブオイルを熱したフライパンに脂身側から入れて中火でゆっくりと焼き上げたら、オレガノを加え、両側面を軽く焼くⒶ。
3. 焼き色を付けたら、210℃のオーブンで数分間焼き、オーブンから出して数分間休ませる。これを何度か繰り返しながら焼き上げる。
4. 焼き上がったら骨から外し、脂身の部分をある程度切り落とす。
5. 4を皿に盛り付け、オリーブ塩を軽くかける。芽きゃべつ・スナップエンドウを芹のソースと和えⒷ、5に添え、その上に温度玉子をのせⒸ。芹のソースを流す。

◆黒オリーブ塩

材料（作りやすい分量）
黒オリーブ … 適量
塩 … 適量

作り方
黒オリーブを120℃のオーブンでゆっくりと水分がなくなるまで焼いたら、塩と混ぜてフードプロセッサーで粉末状にする。

◆芹のペーストソース

材料（作りやすい分量）
芹 … 300g
三つ葉 … 150g
松の実（ローストしたもの）… 20g
アンチョビ … 5g
オリーブオイル … 260㎖

作り方
芹のペーストソースは材料を全てパコジェットビーカーに入れて、冷凍した後、ペースト状になるまで繰り返す。

TRADIZIONALE
Campania
詰め物クレスペッレ
Crespelle ripiene

クレスペッレとは、クレープのこと。語源はラテン語のcrisupus（縮れた）から出ていて、5世紀にはバチカンで作られていたという記録があります。生地をこねてのばすという手間もなく、手軽に作れることもあって、イタリア各地で食べられています。甘くないタイプは、小さく作ってアンティパストの一品にしたり、大きく作る場合はプリモピアットにもします。詰め物の材料として、チーズが必ず入ります。それを茹でた野菜と組み合わせたり、ハムと合わせたりもします。巻いてそのまま出す料理や、オーブン焼きにする料理、揚げ物にする料理もあり、なかなか多彩です。ナポリのクレスペッレは、リコッタを使ったものが伝統料理。リコッタに加え、ナポリではピッツァに用いられるモッツァレッラを加えます。

『CUCINA ITALIANA La Barca』飛矢和行

材料（4人分）

小麦粉 … 80g
卵 … 4個
パルミジャーノ（生地用。すりおろし）
　　　　　　　　　　　… 大さじ2
牛乳 … 1カップ
オリーブオイル … 適量

リコッタ … 125g
モッツァレッラ … 小1個
パルミジャーノ（詰め物用。すりおろし）
　　　　　　　　　　　… 大さじ2
イタリアンパセリ（みじん切り）
　　　　　　　　　　　… ひとつかみ

トマトのコンチェントラート … 適量
バター … 少々
塩・胡椒 … 各適量

作り方

1. クレスペッレ生地を作る。小麦粉をふるいにかけてボールに入れ、牛乳で溶く。卵を入れ、パルミジャーノ、塩、胡椒を混ぜ入れ、全てを、力を込めて攪拌する。

2. 揚げ物用のフライパンを火にかけ、熱くなったら、ほんの少しのオリーブオイルを表面全体に行き渡るように広げ、**1**の生地を大さじ2杯入れ、この生地を両面焼いてはずし、次を焼く。材料が無くなるまでこのように続ける。

3. 詰め物を作る。リコッタを裏漉ししてボールに落とし、小角切りにしたモツァレッラ、パルミジャーノ、イタリアンパセリを加え、全体をよく混ぜる。

4. **3**の混ぜ物を、カンノーリのように**2**のクレスペッレに詰め、軽くバターをぬった耐熱皿に並べる❶。

5. 少量の油にコンチェントラートを溶かしておき（季節によっては裏漉しトマトを使う）、塩をして、**4**のクレスペッレの上にかけ❷、180℃のオーブンで約20分間焼く。容器から出さずにそのままサービスする。

❶

❷

INTERPRETAZIONE

名古屋コーチンとナポリのクレスペッレの詰め物 ラ・バルカスタイル

再構築Tema 1 2

クレスペッレがカンパーニア州の名物料理ということで思い出したのは、1996年に私がカンパーニア州で修業したリストランテ『ドン・アルフォンソ』です。当時、南ナポリでは唯一の3つ星レストランで、この店では「伝統を進化させる」考え方を学びました。全て自家製、自家栽培のものを使って調理するリストランテです。畑に野菜を獲りに行くことから調理を始める店で、ビネガーもワインも店で醸造し、ナポリの食材しか使わない店でした。この考え方を取り入れ、店がある愛知県の特産である名古屋コーチンの美味しさをまとめてクレスペッレに詰めて表現しました。名古屋コーチンのモモ肉を具材にし、生地に混ぜる卵も名古屋コーチンの卵に。ナポリの水は硬水なので、名古屋コーチンのガラを硬水(三重の「命の硬水」)で炊いてブロードを取ってトマトでソースにしました。そして、名古屋コーチンのムネ肉のソテーを添えてリストランテらしい盛り付けにしました。

『CUCINA ITALIANA La Barca』**飛矢和行**

材料 (2人分)

クレスペッレ
小麦粉 … 40g
名古屋コーチンの卵 … 2個
パルミジャーノ(すりおろし) … 大さじ1
牛乳 … 1カップ

名古屋コーチンのモモ肉(小角切り)
　　　　　　　　　… 200g
リコッタ … 80g
モッツァレラ … 80g
卵黄 … 1個
パン粉 … 適量
塩・胡椒 … 各適量

ほうれん草(ボイルしたもの) … 1/2束分

名古屋コーチンのムネ肉 … 200g
リコッタ(ソース用) … 100g
パルミジャーノ(ソース用。すりおろし)
　　　　　　　　　… 20g
トマトのコンチェラート … 180㎖

塩・胡椒 … 各適量
名古屋コーチンのブロード … 適量
E.X.V.オリーブオイル … 適量

ローズマリー … 2本

作り方

1. クレスペッレを作る。材料をボールでよく混ぜ、ほんの少量のオリーブオイルを熱したフライパンに流し、薄く焼く。
2. 鍋に名古屋コーチンのブロードと名古屋コーチンのモモ肉を入れて火にかけ、リコッタ、モッツァレラ、卵黄、パン粉を加え、塩、胡椒で味を調える。
3. **1**の生地に、ほうれん草と**2**を重ねて巻き🅐、耐熱皿にのせ、パルミジャーノをかけ、180℃のオーブンで約10分焼く。
4. 名古屋コーチンのムネ肉は、両面に塩、胡椒をし、ソテーする🅑。
5. 鍋にブロード、リコッタチーズを入れて火にかけ、パルミジャーノ、塩、胡椒で味を調える。
6. 別鍋にブロード、トマトのコンチェントラートを入れて火にかけ、塩、胡椒で味を調える。
7. 皿に**6**を流し、カットした**3**のクレスペッレをのせ、**4**をスライスしてのせる。**5**のソースをかけ🅒、ローズマリーを飾り、オリーブオイルをかける。

TRADIZIONALE
カタクチイワシのスカペーチェ
Alici ⟪a scapece⟫

青魚を揚げて、酢を主体とする漬け汁に漬け込んで味を染み込ませた、一種の保存食です。カタクチイワシは、地中海で揚がる魚の中では非常にポピュラーな種類の一つ。たくさん揚がるこの魚を、無駄なく食べるためにスカペーチェにしたのでしょう。カンパーニアをはじめとした南イタリアの海岸線の町の家庭なら、どこでもよく口にしています。カタクチイワシは、尾ヒレを取らないようにして下処理します。たっぷりの油で揚げて火を通したら、よく油をきること、それにワインビネガーは上質なものを使うことが大事。さらにこの作り方では、温めた漬け汁を魚に注ぎ、魚を煮る感覚で合わせます。味を中まで充分に染みさせるため、最低1日は置いてからサービスします。

『CUCINA ITALIANA La Barca』**飛矢和行**

La cucina dell'italia meridionale

材料（2人分）

新鮮なカタクチイワシ … 400g
オリーブオイル … 適量
小麦粉 … 少々
上質なワインビネガー … 適量
玉ねぎ（薄切り）… 小1個分
にんにく … 1片
月桂樹の葉 … 3枚
オレガノ … 多めのひとつまみ
塩 … 適量
粒胡椒 … 数個

作り方

1 カタクチイワシは、半身をつけたまま半分に開き、尾を取らないように注意しながら頭と小骨をつけたまま背骨を抜く。

2 よく洗ってそのまま水をきり、粉をまぶしたら、たっぷりと油の入った揚げ物用のフライパンに入れ、片面ずつひっくり返しながら揚げる。

3 2の魚は吸油性のある紙の上に置き、塩をし、深皿または別の蓋つき容器に並べる。

4 鍋に、魚を覆うのに充分な量のワインビネガー、水1/2カップ、玉ねぎ、つぶしたにんにく、月桂樹の葉、オレガノ、粒胡椒を入れる。

5 中火で15分間煮たて、熱いワインビネガーを、全体にかかるように注意しながら魚の上に注ぎながら煮る。

6 火から下ろし、ワインビネガーが冷めたら蓋をして、戸棚においておく。イワシをサービスする前に1日は寝かせておく。

INTERPRETAZIONE

愛知豊浜漁港で水揚げされた
カタクチイワシのスカペーチェと
地元栽培の新鮮野菜とのコラボレーション

再構築Tema 1 2

イワシのスカペーチェはナポリの惣菜店に年中並んでいる庶民の人気料理です。これをリストランテらしい、華やかさのある前菜の一品にしました。204ページの「クレスペッレ」同様に、私がナポリのリストランテ『ドン・アルフォンソ』で修業したときに学んだ、地元の食材にこだわって伝統料理を進化させる考え方が発想の源です。ナポリでよく使われる野菜を選び、野菜はピューレにして食感や風味でカタクチイワシのスカペーチェを引き立てるように仕上げています。カタクチイワシを引き立てるなす、トマト、パプリカ、小玉ねぎ、ズッキーニは愛知県産物で、イワシも愛知県の豊浜で水揚げされたものを選びました。

『CUCINA ITALIANA La Barca』飛矢和行

材料（2人分）

カタクチイワシ … 6尾
小麦粉 … 適量
にんにく … 1片
月桂樹の葉 … 2枚
小玉ねぎ（スライス）… 1/2個分
塩・胡椒 … 各適量
白ワインビネガー … 適量
オレガノ … 適量
黒粒胡椒 … 適量

ズッキーニ（細かい角切り）… 1本分
パプリカ（赤・黄。細かい角切り）
　　　　　　　　　… 各1/2個分

なす … 1本
にんにく … 1片
アンチョビ … 3枚
レモン汁 … 少々
E.X.V.オリーブオイル（なす用）… 適量

プチトマト（赤・黄）… 各4個
E.X.V.オリーブオイル … 適量
ベビーリーフ … 適量
月桂樹の葉 … 2枚
セルフィーユ … 2本
塩・胡椒 … 各適量

作り方

1 カタクチイワシは半分に開き、塩、胡椒をし、小麦粉を付けて油で揚げる。

2 鍋に白ワインビネガー、小玉ねぎ、にんにく、月桂樹の葉、黒粒胡椒、オレガノを加え、15分ほど煮込んだら、容器に移し、揚げたての1を漬けておく。

3 ズッキーニはオリーブオイルを熱した鍋でソテーし、2の小玉ねぎの半量をみじん切りにして加え、塩、胡椒で味を調え、ピューレ状にする。

4 パプリカもオイルを熱した鍋でソテーし、2の小玉ねぎの残り半量をみじん切りにして加え、塩、胡椒で味を調えてピューレにする。

5 なすは皮付きのまま直火で炙り、焼きなす状態にしてから皮をむき、ミキサーに入れ、にんにく、アンチョビ、レモン汁、オリーブオイルを加えてピューレにする。

6 皿に5のピューレ、2のイワシ、4のピューレ適量、2のイワシ、3のピューレ適量、2のイワシの順で重ね🅐、最後に月桂樹の葉、セルフィーユ、プチトマト、ベビーリーフをちらし、オリーブオイルをかける。

🅐

TRADIZIONALE

お米のサルトゥー
Sartù di riso

ナポリには、ティンバロのようにパスタと具材を型に詰めて焼く料理があります。そのお米料理版といっていい料理が、お米のサルトゥーです。固く炊き上げたリゾットに、肉団子や鶏レバー、サルシッチャ、モッツァレラなど、たくさんの具を詰めて焼いた宮廷料理です。リゾットにはポルチーニが入り、サルシッチャの風味も付いています。肉団子もこれに合わせて作るなど、具材の数だけ調理しなければならず、非常に手間がかかります。その上、そもそも米はパスタに比べて高価ですので、この料理は非常に贅沢で豪華な料理なのです。なお、元のレシピでは茹で玉子は入っていませんでしたが、入れることが多いのでここでは加えました。また、型は火の通りが良いシフォン型に代えて使いました。

『Cucina Jita』藤田 博

材料（6人分）

米 … 400g
乾燥ポルチーニ … 25g
玉ねぎ（みじん切り） … 小1個
オリーブオイル … 大さじ数杯
トマトのコンチェントラート … 大さじ2
生グリーンピース … 250g
豚肉のサルシッチャ
（チェルヴェッラティーナ） … 6本

成牛肉の挽き肉 … 400g
パン粉 … 適量
卵 … 3個
小麦粉 … 少々

鶏レバー … 200g
モッツァレッラ … 200g

ブロード … 約1500㎖
ラード … 約200g
パルミジャーノ（すりおろし） … 適量

茹で玉子 … 2個

塩・胡椒 … 各適量

作り方

1. ソースを作る。乾燥ポルチーニは、ぬるま湯に漬けてやわらかくしておく。
2. テラコッタの鍋を火にかけ、玉ねぎ、オリーブオイル大さじ数杯を入れて数分間炒め、熱いブロード適量に溶かしたトマトのコンチェントラート、水けをよく絞ってみじん切りにした1、さやから出したグリーンピースを加え、塩、胡椒をする。
3. 少し炒めたら、サルシッチャを丸ごと加える。約20分間煮たらサルシッチャは取り出し、薄切りにする。残りはソースとする。
4. ボールに挽き肉を入れ、塩、胡椒をし、全卵、パルミジャーノひとつかみ、パン粉を加えてよく混ぜ合わせ、クルミ大の肉団子をたくさん作る。
5. 4ができ上がったら粉をつけて高温の油で揚げ、よく油をきって別にしておく。
6. 鶏レバーは筋と皮を取り除いてよく洗い、大きめに切る。モッツァレッラを小さく切る。
7. 米を用意する。大きめの鍋に2の残りのブロードを温め、3のソースを半量以上入れ、煮立ってきたら米を入れてかき回しながら、煮立ったブロードをレードル1杯ずつ加える。
8. 常にかき混ぜながら時々ブロードを加え、米を煮上げたら、50gのラード、大さじ4杯分のチーズ、全卵2個を混ぜる。完全に材料を混ぜ、そしてリゾットを冷ましておく🅐。残ったソースに50gのラードと肉団子を入れて、味を含ませる。
9. 小さな鍋にラード20gを入れて火にかけ、煮立ってきたら6の鶏レバーを入れて、ブロードを少々入れながら炒める。煮上がったら火から下ろして、塩をする。
10. 3000㎖容量のシフォン型を用意する。型の内側にラードをたっぷりぬり、パン粉（分量外）をはたいておく。
11. 8のリゾットを1/3入れ、匙で押さえつけながら内側に広げる。
12. 中央に窪みをつけ、準備した5の肉団子の一部分、そのソース少々、9の鶏レバー少々、6の切ったモッツァレッラ、3のサルシッチャの薄切り、半分にカットした茹で玉子を入れる🅑。
13. 粉チーズをちらし、また肉団子を入れる等など、このように材料がなくなるまで続ける。
14. 別にしておいた米で蓋をして表面を平らにし、パン粉をふりかけ、その上にラードのかたまりを置き、160℃のオーブンで約30分間置いておく。
15. オーブンから取り出した《サルトゥー》は数分間置いておき🅒、皿の上にさかさまにしてあけ、すぐにサービスする。

La cucina dell'italia meridionale

INTERPRETAZIONE

パプリカに詰めたお米のサルトゥー

再構築Tema 1

豪華な宮廷料理のサルトゥーは、使う材料が多く、その構成要素の一つ一つに手間がかかっています。そうした構成要素は変えず、大勢で取り分けて食べる料理を一皿盛りにして食べられるよう、要素を分解して盛り付けを変え、現代料理としました。伝統料理と同じように炊いたリゾットは赤ピーマンに詰めて、肉団子はハーブを使ってロースト。茹で玉子の代わりとして、卵をスフレとしてのせました。古典料理は大人の料理ですが、お子様メニューのように楽しい一皿になっています。そこで味付けも、子供が食べやすいあっさりした味わいにしています。

『Cucina Jita』**藤田 博**

La cucina dell'italia meridionale

材料（6人分）

リゾット
米（湘南米はるみ）… 400g
生グリーンピース … 250g
E.X.V.オリーブオイル … 100㎖
ラード … 約50g
白ワイン … 50㎖
玉ねぎ（みじん切り）… 1/2個分
乾燥ポルチーニ … 25g
ブロード … 約1500㎖
トマトのコンチェントラート … 大さじ2
卵 … 2個
パルミジャーノ（すりおろし）… 100g

パプリカ … 6個

モッツァレラ（角切り）… 200g
牛挽き肉 … 150g
鶏レバー（粗みじん切り）… 100g
パン粉 … ひとつかみ
ナツメグ … 適量
塩・胡椒 … 各適量
ローズマリー（フレッシュ）… 6本
サルヴィア（フレッシュ）… 6本
月桂樹の葉（フレッシュ）… 6本

パルミジャーノ風味のスフレ
卵 … 2個
パルミジャーノ（すりおろし）… 大さじ4
バター … 適量

赤ピーマンのソース … 適量
サルサ・ヴェルデ … 適量

塩・胡椒 … 各適量

作り方

1 リゾットを作る。ポルチーニはぬるま湯300㎖で戻しておく。ブロードにトマトのコンチェントラートを加えて温めておく。

2 鍋を火にかけ、玉ねぎ、オリーブオイルを入れて透き通るまで炒めたら、米を入れ手さらに透き通るまで炒める。

3 **1**のブロードを加えながら、くつくつと沸騰状態を保つ。**1**のポルチーニを入れ、戻し汁も漉して入れる。

4 グリーンピースを加え、あまり混ぜすぎないよう、水分が減った分のブロードを足し、時々かき混ぜながら加熱し、再加熱を考慮し通常よりやや早い目の仕上げ（11分程度）を目指す。仕上げにパルミジャーノと卵を入れ、空気を含ませるように混ぜ、バットにあけて粗熱を取る。

5 ミートボールを作る。ボールに挽き肉とレバーを入れ、パン粉、ナツメグ、塩、胡椒をして混ぜ、くるみ大のミートボールにする。

6 それぞれにローズマリー、サルヴィア、月桂樹の葉を串にして刺し、180℃のオーブンで焼く❹。

7 パプリカは種を取り、粗熱を取った**4**のリゾットを詰め、モッツァレラをのせて180℃のオーブンで15分焼く。

8 パルミジャーノ風味のスフレを作る。卵は卵白と卵黄に分け、卵黄にパルミジャーノを加えて混ぜ、泡立てた卵黄を合わせる。

9 バターを熱したフランパンに流して色よく焼き上げ、スフレとする❺。

10 皿に**6**と**7**をのせ、その上にのスフレを盛り付ける。赤ピーマンのソースとサルサ・ヴェルデを流す。

TRADIZIONALE

ナポリ風ビステッキーネ
Bistecchine alla napoletana

ナポリ風ステーキは、現代のようにソテーしないのが特徴です。古典料理では肉だけをそのままフライパンなどで焼くことはせず、ソテーした玉ねぎ、茸を耐熱皿にのせ、その上に肉のせてオーブンで焼きます。ナポリだと、耐熱皿ごとピッツァ窯に入れて、高温で焼き上げるイメージでしょうか。肉に玉ねぎ、茸のうま味が加わって焼けていき、ソテーよりしっとりして香りも良く仕上がります。肉への微妙な火の通り具合を調整するのが難しい上に、肉のうま味をストレートに感じさせたいのが現代の傾向ですから、こうした伝統料理はイタリアでも作られなくなっているのではなかと思います。焼き上がりは、耐熱皿の底の玉ねぎや茸には肉汁が垂れてうま味が加わっていますので、皿に盛り付けたら肉にのせてサービスします。

『Cucina Jita』藤田 博

La cucina dell'italia meridionale

材料（4人分）

仔牛ロース肉 … 8枚（600 g）
生ハム（みじん切り）… 100 g
玉ねぎ（スライス）… 4個分
茸類（薄切り）… 数本分
オリーブオイル … 適量
イタリアンパセリ（みじん切り）… ひとつかみ
レモン … 半個
塩・胡椒 … 各適量

作り方

1 耐熱皿にオイルをしき、生ハムと玉ねぎを容器の底にちらす。茸類を生ハムの上に並べ、さらにオイルを回しかけ、塩少々と胡椒をする。イタリアンパセリをふりかけ、重ならないように肉をならべる。

2 200℃のオーブンに入れ、15分後に肉をひっくり返し、少々塩をふる❹。

3 5分後、焼き具合を確認し、玉ねぎにレモン汁をふる。調理した耐熱皿のままサービスする。

Ⓐ

INTERPRETAZIONE

足柄牛を使ったビステッキーネ

再構築Tema 1 2

現代風へのアレンジは、地元食材を使って行いました。まず、肉は足柄牛。神奈川県西部の足柄地方を中心に、足柄茶の粉末を飼料に加えて育てている牛です。仕上がりをレアにするために塊肉を使い、そのまま玉ねぎでマリネしてから、焼き上げます。加熱方法はグリルにしました。肉の様子をみながら高温で表面に焼き色を付け、肉汁を閉じ込めるためです。焼けたら、足柄茶の粉末を肉にふって保温し、肉汁を落ち着かせながら香ばしい風味を添えます。伝統料理では加熱の際、肉の下にしいた玉ねぎ、茸と生ハムは、現代料理では肉とは別にソテーしてペースト状にし、肉の下にしきました。このペーストの甘さが、先に肉に付けた茶葉の香りとよく合います。あわせて、バルサミコソース、フレッシュトマトのソース、抹茶オイルを垂らしてソースとして楽しませます。ナポリ風ビステッキーネの素材は残しながらも、地元素材で肉の魅力が楽しめる一品に仕上がっています。

『Cucina Jita』藤田 博

材料（4人分）

足柄牛（塊肉）… 600g
足柄茶（粉末）… 4つまみ

生ハム（みじん切り）… 100g
玉ねぎ（スライス）… 2個分
茸類（ポルチーニ、マッシュルーム。各みじん切り）
　　　　　　　　　　　　　　　… 数本
オリーブオイル … 適量
イタリアンパセリ（みじん切り）… ひとつかみ
レモン汁 … 1個分

抹茶オイル … 適量
バルサミコ酢 … 適量
フレッシュトマトソース … 適量

塩・胡椒 … 各適量

ルーコラ … 適量
無農薬レモン … 1/6個

作り方

1. 足柄牛肉は、塩、胡椒をしてグリルし、足柄茶をまぶしてホイルに包み、温かい所で10～15分休ませる❹。

2. オイルを熱した鍋に生ハム、玉ねぎと茸類を入れ、塩、胡椒をしてソテーする。イタリアンパセリをふり入れて合わせ、レモン汁を加える。

3. 2はミキーでペースト状にする。

4. 3を皿にしき、1を食べやすい大きさにカットして盛る。バルサミコ酢を煮詰めたソースとフレッシュトマトソースを流し、抹茶オイルをふる。ルーコラを飾り、無農薬レモンを添える。

Ⓐ

TRADIZIONALE *Puglia*
オレッキエッテ
Orecchiette

プーリアのパスタというと、カヴァテッリかオレッキエッテが挙げられるほど、よく知られたプーリアの伝統的なパスタです。プーリアでの修業時代、よく近所のおばあさんたちが街角で集まって皆でパスタを作っていて、交流の場にもなっている様子を見て、日本にはない文化に魅力を感じたことを覚えています。プーリアは野菜が豊富ですので、ソースはくたくたに煮たブロッコリーを合わせることが多いところを、ここではトマトソースを合わせ、南イタリアで作られる山羊のチーズ・カチョリコッタをふりかけ、塩けを補いました。

『Antichi Sapori』山崎大輔

La cucina dell'italia meridionale

材料（4人分）

パスタ生地
セモリナ粉 … 1
小麦粉 … 2
塩 … 適量
水 … 適量

トマトソース … 適量
カチョリコッタ … 適量
オレガノ … 適量
バジリコ … 適量

作り方

1. パスタを作る。材料をよくこねてグルテンを出したら、生地を小さく切り分けて直径2cmほどの棒状にする🅐。
2. 1の生地は、2cm長さに切る。すぐにナイフの先で生地を台の上で手前に引きずるようにしてカヴァティエッディを作り、さらに親指を使ってひっくり返し、オレッキエッテにする🅑。
3. すべてを作り終えたら空気にさらして乾燥させる。
4. たっぷりの湯に塩を加えた中に3を入れて茹でる。
5. トマトソースを温め、4が茹で上がったら水けをきって加え、和える🅒。
6. 皿に盛り、カチョリコッタを削りかけ、オレガノとバジリコを飾る。

🅐

🅑

🅒

INTERPRETAZIONE

焦がし小麦のオレッキエッテ ズッキーニの葉とリコッタ・ドゥーラ・アル・フォルノ

再構築Tema 3

伝統料理でも少し紹介しましたように、プーリアは野菜に加えチーズも豊富にある豊かな土地ですので、パスタのソースには肉や魚を使わず野菜のうま味で滋味深い味を引き出すことが多いもの。そこで、フレッシュトマトに加え、あまり使われることのないズッキーニの葉を使うことで新鮮さを出し、シンプルですがリストランテでも通用する豪華さを表現しました。オレッキエッテには焦がし小麦を使い、焼いたトマト、焼きリコッタも組み合わせ、香ばしさも強調。プーリアの代表的なタラッリ(乾燥パン)を砕き入れ、食感の変化も楽しんでもらいます。全体に、プーリアの山側にあるムルジャ地域の、なだらかな丘に野草が生い茂る平野を連想させる料理に仕上げ、焦がし小麦の色で岩だらけの様子を表現しました。

『Antichi Sapori』山崎大輔

材料(4人分)

オレッキエッテ生地
セモリナ粉 … 340g
焦がし小麦 … 60g
水 … 200g

ソース
ミニトマト … 20個
サルシッチャ … 50g
ズッキーニの葉 … 300g
にんにく … 1片
オリーブオイル … 適量
ペコリーノ(すりおろし) … 適量
リコッタ・ドゥーラ・アル・フォルノ … 適量
タラッリ … 4個
塩 … 適量

作り方

1 焦がし小麦のオレッキエッテを作る。材料を合わせたら、219ページ1～3の要領でオレッキエッテを作るⒶ。

2 ミニトマトは280℃のオーブンで焼き色を付け、水分を軽く飛ばしておく。

3 ズッキーニの葉は筋の部分を取り除き、3cmにカットし、パスタを茹でる塩を加えた湯で20分ほどボイルし、氷水にあげて水けを絞っておく。

4 フライパンにオリーブオイル、つぶしたにんにくを入れて火にかけ、にんにくの香りが出たらサルシッチャを加え炒める。3のズッキーニの葉とパスタの茹で汁を入れ、沸騰させながらズッキーニの葉を崩すⒷ。

5 オレッキエッテは、4でズッキーニの葉を出した湯で茹でる。

6 4に2のトマトを入れ、5が茹で上がったら水けをきって加えて和えるⒸ。

7 ペコリーノ、タラッリの砕いたもの、オリーブオイルを入れて、濃度と味を調整する。

8 皿に盛り、リコッタを削りかけ、砕いたタラッリをちらす。

Ⓐ

Ⓑ

Ⓒ

TRADIZIONALE
バリ風馬肉のブラチョーレ
Braciole alla barese

222

イタリアには馬肉を食べる文化があり、各地に伝統料理があります。プーリアの州都・バリも馬肉料理が盛ん。町には専門店があるほどで、同地の名物料理にもなっています。ブラチョーレは、あっさりとした馬肉を使いつつも、ラルドやチーズを巻いてコクを補い、それをトマト煮にした料理です。やわらかく煮上げるためには、ソースにたっぷりめのオリーブオイルを加えるのがポイントです。この料理は使い勝手が良く、セコンドで食べたり、肉を軽く崩して煮汁と合わせ、オレッキエッテやカヴァテッリなどとからめてプリモピアットとしても提供されます。

『Antichi Sapori』山崎大輔

La cucina dell'italia meridionale

材料（4人分）

馬肉の切り身 … 4枚（500g）
ラルド（豚脂の塩漬け）… 約100g
ペコリーノチーズ … 100g
イタリアンパセリ（みじん切り）… ひとつかみ
にんにく … 4片
トマトソース … 150㎖
オリーブオイル … 適量
塩・胡椒 … 各適量

作り方

1 馬肉は軽く叩いておく❹。チーズとラルドを細長く切っておく。

2 1の肉の上に、にんにくを丸ごとと、1のラルドとチーズを並べ、イタリアンパセリ、塩、胡椒をする❺。

3 詰め物を包み込むように肉を巻き込み、タコ糸できつく縛る❻。

4 鍋にトマトソースとオリーブオイルを入れて火にかけ、3を入れてゆっくりと煮込む❼。

5 火が入ったら取り出し、タコ糸を取り除き、カットして皿に盛る。

INTERPRETAZIONE

プーリア産チーズを詰め込んだ馬肉のインヴォルティーニ サンマルツァーノトマトのクレーマ添え

再構築Tema 1 3

素朴な伝統料理のブラチョーレを、リストランテで出すにはどのようにすればいいか、というテーマでアレンジしました。もともとはトマトソースで煮込む料理ですが、煮込んでしまうとどうしても硬くなるのは避けられませんので、あえてセパレートし調理法を変えました。馬肉はモモ肉ではなくフィレ肉を使い、グリルにすることで肉自体の美味しさとやわらかさを出します。塩はせず、パンチェッタで塩けを補います。ソースは、トマトのうま味を強調させるイメージで作りました。馬肉にはスカモルツァやカチョカヴァッロなどプーリア産のチーズをたっぷり巻き、飾りにペペローニ・クルスキを使うなど、南イタリアを連想させる料理としました。

『Antichi Sapori』山崎大輔

材料（4人分）

馬肉（切り身）… 4枚（700g）
ストラッチャテッラチーズ … 50g
スカモルツァチーズ … 50g
カチョカヴァッロチーズ … 50g
パンチェッタ（スライス）… 8枚
イタリアンパセリ（みじん切り）…ひとつかみ
サンマルツァーノトマト（さいの目切り）
　　　　　　　　　　　　　… 100g
オリーブオイル … 50g
水 … 30g
オレガノ … 適量
ペペローニ・クルスキ … 1本
塩 … 適量

オリーブ … 適量
オリーブの葉 … 適量

作り方

1 馬肉は薄く叩きのばし、3種のチーズをのせ、イタリアンパセリをちらして筒状に巻き込み、パンチェッタで巻く❹。

2 1はグリルして火を通し❸、温かいところで休ませておく。

3 サンマルツァーノは、水、オリーブオイル、オレガノと一緒にジューサーで回し、濃度をオイルで調整しながら冷たいクレーマを作る。

4 皿に3をしき、カットした2を盛る。素揚げしたペペローニ・クルスキを砕いてちらし、オリーブとオリーブの葉を飾る。

TRADIZIONALE

お米とムール貝のティエッラ
Tiella di riso e cozze

プーリアの州都であり、アドリア海に面した港湾都市で貝類の産地でもある、バリの名物米料理です。ムール貝、ペコリーノ、トマトと米を入れ、じゃが芋で蓋をしてオーブンで炊き上げるこの料理は、下茹でなどの下ごしらえが無く、材料をカットして容器に入れ、加熱するだけ。漁師や農夫の料理だそうで、手間がかからず、冷めても美味しく食べられます。料理名の「ティエッラ」とは、天板とか浅鍋という意味の「テリア」の方言で、そのテリアを使ったオーブン焼き料理のことです。鍋一つで作れる上に調理法はシンプルですが、食材の味のバランスが良く、非常に楽しい料理です。米はムール貝やトマト、玉ねぎなどのうま味をたっぷりと吸収しやわらかく仕上がります。たくさんの量を耐熱皿などに入れて作り、めいめいの皿に取り分けてサービスして食べる事も出来ます。

『kashirajima restaurant cucina terada』**寺田真紀夫**

材料(6人分)

貝(ムール貝)… 500g
プーリア産小粒トマト … 500g
じゃが芋(薄切り)… 500g
米 … 300g
玉ねぎ(薄切り)… 大2個分
ペコリーノ(すりおろし)… 適量
イタリアンパセリ(みじん切り)… ひとつかみ
にんにく(みじん切り)… 2片分
オリーブオイル … 適量
塩 … 適量

作り方

1 ブラシを使いながらムール貝を洗い、ナイフで口を開け、身の入っていない殻を捨てる。

2 耐熱皿に、玉ねぎを1層並べ、1の半量、ちぎったトマトの半量、ペコリーノひとつかみ、適量のイタリアンパセリをふりかける。

3 塩をして、じゃが芋半量で1層並べ、その上に洗った米を置く。

4 米の上にムール貝Ⓐ、残りのイタリアンパセリとにんにく、ちぎったトマトとじゃが芋を置く。

5 たっぷりの油をまわしかけ、750gの水で覆い、180℃のオーブンで米に火が通るまで入れておくⒷ。冷めてもよい。

Ⓐ

Ⓑ

INTERPRETAZIONE

瀬戸内海産ムール貝
ティエッラをイメージした リゾット仕立て

再構築Tema 1 2

カキやムール貝の養殖が盛んなプーリアと同様、瀬戸海を有する岡山県でもカキに加え近年はムール貝の養殖も行われています。そこでアレンジのテーマは、地域食材の使用でした。この料理がスペイン統治時代の米料理に由来することから、イタリアのリゾットから発展させた料理を考えました。リゾットは私の店のスペチャリタとして提供させていただいている料理でもあり、地元・岡山の米を使い、米どころである「地域」を表現できる一皿でもあります。でんぷん質の多い日本米でリゾットを表現するために、多めのブロードで煮て仕上げに水分を捨て、粘り気を抑え、米一粒一粒を際立たせる技法で、米の香り、食感を活かします。この料理法ではオーブンを使いませんので、じゃが芋を事前にオーブンで焼いて香ばしさを出します。全体的な印象、楽しさは変わらず、国産の米やそれぞれの食材の食感、香りが味わえ、そして軽い料理になりました。仕上げにスマックをちらしたのは、イタリアの田舎料理らしい安心するこの味わいに新しい香りを添えることで、新鮮さを出したかったからです。

『kashirajima restaurant cucina terada』寺田真紀夫

La cucina dell'italia meridionale

材料（2人分）

国産米 … 100g

ムール貝（殻から外したもの）… 70g

小粒トマト（半割りにしたもの）… 40g

じゃが芋（直径2cm、厚さ5mm程度にしたもの） … 60g

エシャロット（みじん切り）… 10g

ペコリーノ（すりおろし）… 適量

レモン汁 … 少量

オリーブオイル … 適量

塩 … 適量

スマック … 少量

ブロード … 適量

作り方

1 じゃが芋は軽く塩をし、ペコリーノをふり、200℃のオーブンで表面に焼き色が付くまで焼いておく❶。

2 米をボールに入れ、オリーブオイルをふって混ぜ合わせ、コーティングする。

3 ブロードは水で3倍に薄めて火にかけ、沸騰したら2を入れて煮る❷。

4 鍋にオリーブオイルを熱し、エシャロットを軽く炒めたら、トマトを加えて炒めながら軽くつぶす。

5 塩をしながら、イタリアンパセリ、ムール貝を加えて炒める。

6 しばらくして1を加え、軽く馴染ませるように炒めたら、バットに取り出す。

7 3の米がアルデンテに煮えたら、ひたひたより少な目になるよう水分をきり、オリーブオイル大さじ2を加えて乳化させ、ペコリーノを加えよく混ぜ合わせる。塩、レモン汁で味を調える。

8 6を加えて軽く混ぜ❸、器に盛る。スマックをちらす。

TRADIZIONALE

ターラント風 カキのオーブン焼き
Ostriche alla tarantina

プーリア州で、サレント半島の左の付け根にあるターラントは、今日では軍港として知られますが、古くは漁港として有名な都市。そこのカキを使った名物料理です。殻を外したカキにイタリアンパセリ、胡椒、パン粉をのせ、オリーブオイルをかけて焼くという奇をてらわないスタンダードな料理。オーブンで焼くことにより、カキの香りが増し、うま味も凝縮する。そしてそれをイタリアンパセリが引き立て、パン粉の焼けた香ばしさが全体を包み込む。非常にシンプルな料理ですが、理にかなった味わいが楽しめる料理だと思います。

『kashirajima restaurant cucina terada』寺田真紀夫

材料（2人分）

カキ … 6〜8個
イタリアンパセリ … 少量
細かく挽いたパン粉 … 適量
オリーブオイル … 適量
胡椒 … 少量

作り方

1 専用のナイフでカキの口を開け、身の入っていない殻を捨て、中身の入っている方を型に並べる。

2 イタリアンパセリの汚れを取って洗い、1のカキの上にちらす❶。パン粉もちらし、胡椒で風味を付ける。

3 それぞれの上にオリーブオイル少々を垂らし、200℃のオーブンに10分間入れる❷。

INTERPRETAZIONE

La cucina dell'italia meridionale

瀬戸内海産カキ やわらかい火入れと香ばしさ

再構築Tema 1 2

シンプルで理に適った伝統料理をリストランテ風にするため、使う食材はあえて変えませんでした。変えたのは、「カキの火入れ」と「香ばしさの付け方」の2点。「カキの火入れ」は、さっと茹で、硬くならないよう火入れを厳密にします。「香ばしさの付け方」は、伝統料理にあるオーブンには入れずに火入れをしますので、ペコリーノとパン粉を焼いて強い香ばしさ・食感を作るとともに、カラスミとフェンネルも加え、焼きムラや香りの変化も付け、奥深さを出します。フレッシュなイタリアンパセリが全体を引き締め、マニゲットがアクセントになります。

『kashirajima restaurant cucina terada』寺田真紀夫

材料（2人分）

- カキ … 6～8個
- イタリアンパセリ（粗みじん切り）… 適量
- ペコリーノ（すりおろし）… 適量
- 細かいパン粉 … 少量
- カラスミ（すりおろし）… 少量
- フェンネルの葉（みじん切り）… 少量
- オリーブオイル … 適量
- マニゲット … 適量

作り方

1. 天板にペコリーノを薄く広げ、パン粉をちらし、180℃のオーブンで色付くまで焼く。途中、8割ほど焼けたところで、カラスミ、フェンネルをちらしてオーブンに戻す。
2. 焼けたら取り出し、丸型で抜いておく。
3. カキは殻から身を外す。殻から外すときに出た汁は取っておく。
4. 3の汁は鍋に入れて水を加え、火にかけて沸かし、3のカキの身を入れてさっと茹でる。火が入りすぎて硬くならないよう注意する。
5. 4の身を器に盛り、イタリアンパセリをちらし、オリーブオイルをかける。その上に2をのせ、マニゲットをふる。

TRADIZIONALE
Basilicata
ラーガネ・エ・チェーチ
Lagane e ceci

バジリカータ州の州都・ポテンツァに伝わるパスタです。古代ローマの時代から作られていたといわれるほど歴史は古く、硬質小麦と塩と水だけで作り、卵は入りません。こねた生地はやや厚みを持たせてのばし、幅広にカットします。このパスタに合わせるのが、茹でたひよこ豆です。他の材料は、ラード、にんにくと唐辛子のみ。シンプルで、贅沢な材料は入りません。これに玉ねぎを合わせるレシピはローマ時代からでもあって、現在でも加えている店は多いと思いますが、古典でもこのレシピのように玉ねぎを加えないレシピがあるようです。にんにくの香りと唐辛子の辛さで食欲を刺激し、ラードのコクとひよこ豆で腹持ちを良くした、古い時代の庶民的な料理です。

『RISTORANTE ALVEROI』木村忠敬

材料 (6人分)

パスタ生地
セモリナ粉 … 600g
塩 … ひとつまみ
ぬるま湯 … 適量

ひよこ豆 … 500g
にんにく … 2片
赤唐辛子(粉) … ひとつまみ
ラード … 300g

塩 … 適量

作り方

1 ひよこ豆は、たっぷりの塩をした水で茹でる。

2 粉を台の上にあけ、窪みをつけて、中央に塩とちょうど良い固さになる分量のぬるま湯を注ぐ。力を込めて数分間こね、麺棒を使って生地を薄くのばす。少し乾かして、ラーガネ状 (幅広のタリアテッレ) に切る❶。

3 食事の少し前に、沸騰した湯に塩をした中で茹で、アルデンテで取り出す。

4 フライパンにラードとにんにく、唐辛子を入れて加熱する。

5 3のパスタをボールに入れ、水きりした1のひよこ豆、4を合わせる❷。混ぜてから器に盛り、サービスする。習慣的にチーズは加えない。

❶

❷

INTERPRETAZIONE

ひよこ豆と緑のラーガネ

再構築Tema 1

古くから伝えられる郷土料理であるひよこ豆のラーガネは、リストランテ料理に再構築。非常にシンプルでセモリナ粉の淡い味わいと、ひよこ豆のホクホクとした食感を楽しむという伝統料理の魅力は維持しながら、リストランテ料理として彩りよくしたいと思い、パスタにはほうれん草を練り込み、ひよこ豆と対比した緑色に仕上げました。ソースはバジル、しそ、松の実のペーストとブロードを合わせ、薄くスライスした紅芯大根の上にパスタを盛り付けてしその花をあしらいました。また私はパスタを茹でる際、より味わいをイタリアに近づけ、さらに高めるために、超硬水と日本の水を合わせてイタリアと同じ硬度の水にし、イタリアの天日塩を合わせて沸騰させ、ヴェネツィアのある店で行われていた工夫をヒントにその硬水に昆布の風味を付けた「ブロードアルジェント」を独自に考案し、パスタの茹で汁として使っています。

『RISTORANTE ALVEROI』木村忠敬

La cucina dell'italia meridionale

材料（2人分）

パスタ生地
セモリナ粉 … 125g
オリーブオイル … 7g
ほうれん草ペースト … 40g
パスタの茹で汁
（ブロードアルジェント、下記参照）… 30㎖

ソース
オリーブオイル … 60㎖
にんにく … 2片
タカノツメ … 1本

バジルと松の実のペースト … 60g
ひよこ豆（乾燥）… 25g
ブロードオーロ（273ページ参照）… 60㎖

紅くるり大根、有機リーフ、穂じそ
　　　　　　　　　　　　… 各適量

作り方

1. ひよこ豆は、前日から水に漬けて戻しておく。
2. パスタを作る。材料を全てボールに入れて混ぜ合わせ、ひと塊にしたら40分ほど休ませ、3mm厚さにのばし、1cmほどの帯状にカットする🅐。
3. 沸騰したブロードに塩を入れ、2を入れて4分ほど茹でる。
4. ソースを作る。フライパンにオイルとにんにく、タカノツメを入れて火にかけ、1分ほどでタカノツメを取り除き、にんにくも色付いたら取り除く。
5. 4にバジルと松の実のペースト、1のひよこ豆、ブロードオーロを加え、ひと煮立ちしたら火を止める。
6. 3が茹で上がったら水けをきって5に入れ、ソースと合わせる🅑。
7. 紅くるり大根を薄くスライスして皿にのせ、6を盛る。フライパンのソースを流し、有機リーフを添える。穂じそを飾る。

◆ブロードアルジェント

材料
硬水（「コントレックス」1に対し日本の水3）
　　　　　　　　　　　… 1000㎖
イタリア産天日塩 … 10g
昆布 … 1g

作り方
超硬水の水と日本の水を合わせて硬度400程度に調整し、イタリア天日塩を加えて火にかける。沸騰する手前で火を止め、昆布を入れ、12分ほど浸けておく。乾燥パスタ100gに対して1000㎖を使用する。

TRADIZIONALE

羊の《ピニャータ》
《Pignata》di pecora

ピニャータは、バジリカータ州の東半分を占めるマテーラ県の郷土料理。その名は、元々は地元を中心に作られている土鍋のことで、鍋で煮込んだ料理名としても使われています。現代ではテラコッタ製の鍋や壺を使うことが多いようで、パン生地などで蓋をして密閉し、オーブンなどで加熱します。材料としては、羊肉と野菜、それにチーズなど。それらを鍋肌を通じてじっくりと加熱し、肉から出たうま味のスープで野菜にも火を通すというスタイルです。時間はかかりますが、仕込んでおけば時間をかけずにサービスできる、便利な料理です。

『RISTORANTE ALVEROI』木村忠敬

材料（6人分）

羊肉 … 1kg
じゃが芋 … 300g
玉ねぎ（薄切り）… 300g
セロリ（薄切り）… 1本分
トマト（皮をむいて種を取り、粗く切ったもの）… 200g
ソプレッサータ … 100g
水 … 250㎖
塩 … 適量
赤唐辛子 … 少々
ペコリーノ（すりおろし）… 適量

作り方

1 羊の肉を同じ大きさに切る。じゃが芋の皮をむき、等分にカットして洗う。

2 完全に閉まる素焼きの鍋に1と玉ねぎ、セロリ、トマト入れ、粗く刻んだソプレッサータ、唐辛子少々、塩、水を合わせる。蓋をして火にかけ、中火で約1時間半煮る。

3 器に盛り、ペコリーノをたっぷりと添えてサービスする。

INTERPRETAZIONE

La cucina dell'italia meridionale

北広島の食材とソプレッサータの鍋

再構築Tema2 3

ピニャータを現代料理に再創造するに当たり、地元を21番目の州と設定した上で、調理法にインスピレーションを得ました。まずピニャータという、日本では入手困難な鍋を、日本の鍋に代えました。お客様からのご紹介で、南部鉄器の洋食用「及源(オイゲン)ニューラウンド万能鍋」が手に入ったことから、保温性の高い南部鉄器の特性を活かし、加熱しては休ませるを繰り返す調理法に変え、使用する素材も全て広島産にしました。素材にはじっくりと火が入るため、肉はやわらかくなり、うま味は凝縮され、素材の持ち味を一層醸し出してくれました。

『RISTORANTE ALVEROI』木村忠敬

材料（4人分）

鹿ロース肉 … 200g
ごぼう（皮をむいてひと口大にカットしたもの）… 60g
こんにゃく … 60g
里芋（皮をむいてひと口大にカットしたもの）… 15g
松茸 … 40g
ソプレッサータ（刻んだもの）… 20g
羅臼昆布 … 2g
ブロードオーロ（273ページ参照）… 50㎖
ブロードアルジェント（235ページ参照）… 全体がかぶるくらい
塩 … 適量
らっきょうの花、レッドアマランサス（和/紅ヒユナ）、紫人参 … 各適量

作り方

1. 南部鉄器に材料全てを入れ、火にかける。沸騰したら火を消し、15分ほど休ませる。
2. 再び中火にかけ、再沸騰したら、ごく弱火に落とし、10分ほど煮込み、火を止める。
3. 15分ほど休ませてから、器に盛る。らっきょうの花、レッドアマランサス、紫人参を飾る。

TRADIZIONALE

ミヌイック
Minuich

バジリカータの地は、紀元前5世紀〜3世紀にかけて古代ルカニアという国だったことから、現代でもバジリカータの料理を「cucina lucana（クッチーナ・ルカーナ）」と呼びます。ミヌイックは、そうした古い時代にできたパスタの一つで、ミンニッキ、マカルン・キ・フェルとも呼ばれます。細長くのばした生地を2cm長さに切り、それを3つ並べて編み棒などの長い針に押し付けて作るマッケローニの一種です。ミヌイックは、基本的には庶民のための料理で、生地づくりには水とセモリナ粉のみ。卵、乳製品などは使いません。レシピではトマトソースのみでしたが、仕上げにペコリーノをふりました。

『Ristorante Miyamoto』宮本健真

Ⓐ

Ⓑ

材料（6人分）

セモリナ粉 … 300g
熱湯 … 200㎖

トマトソース … 適量

作り方

1. 台の上に粉をあけ（塩をしないで）、窪みをつけて、中央に熱湯を注ぐ。こねてやわらかい生地を作る。
2. 長さ5cmの棒をたくさん作り、2cm長さに切る。
3. **2**の生地3つを編み棒のようなもの（編み棒に似ているが、切り口は丸くはなく四角い、時によっては麦わらやトウモロコシの棒を使う）の上に乗せる。手でパスタを押さえ、巻き込み、棒から外すⒶ。台の上にちらして、乾かす。
4. 沸騰した湯に塩を加え、**3**を入れて茹でる。
5. トマトソースを温めて用意する。
6. **4**が茹で上がったら、水けをきって**5**に加え、和えて器に盛る。ペコリーノ（分量外）をかける。

INTERPRETAZIONE

山羊の戯れ
～草のかほり、温かな日差し～

再構築Tema 3

La cucina dell'italia meridionale

ミヌイックは、地産地消と、バジリカータの牧歌的な風景と熊本の里山の風景にインスピレーションを受けてアレンジしました。バジリカータの私の印象は、典型的なイタリアの農家の生活が残っている場所。風景としては羊や山羊が多く、穏やかなイメージがあり、それらのチーズを使った料理が数多くありました。そこから真っ白なミヌイックをイメージしました。球磨川の川海苔を使って香草パン粉を作り、セルクルにふり、そこにパスタを詰めます。ソースには、球磨川沿いの美しい風景の中で放牧されているヤギのクリームチーズを使用。パスタとソースは、フライパンではからめる程度。分離しますから火はあまり入れず、オーブンで焼いて温めます。

『Ristorante Miyamoto』宮本健真

A

B

材料（2人分）

ミヌイック（左ページ参照）… 40g
生クリーム … 50㎖
人吉産山羊の
　　　　クリームチーズ … 20g
香草パン粉 … 適量
塩 … 適量

ペコリーノ … 適量

作り方

1 ミヌイックは、たっぷりの湯に塩を入れて茹でる。

2 フライパンに生クリームと山羊のチーズを溶かし、1に火が入ったら水けをきって加え、よくからめる **A**。

3 内側に香草パン粉をまぶし付けておいたセルクルに、2のパスタを詰め、オーブンで軽く焼き固める **B**。

4 皿に置いて抜いたら、3のフライパンに残ったソースをかけ、ペコリーノを削りかける。

TRADIZIONALE

クットゥリッディ
Cutturiddi

クットゥリッディはクットゥリッドゥともいいます。仔羊肉で作る土鍋煮のことで、バジリカータをはじめ、プーリアなど南の地域でよく食べられている復活祭の料理です。肉は羊肉を使い、玉ねぎ、人参やセロリなどの香味野菜とトマト、ハーブを入れ、野菜の水分をできるだけ活用するために最小限の水を加えて煮ます。味付けは塩のみという、非常に素朴な料理です。古典料理で蒸し煮を作る場合、テラコッタの鍋を使うことが多いのですが、それを再現するにあたって適した容器が見つかりませんでしたので、熊本県北部で焼かれていて、平安時代に煮炊きに活用されていたという小代焼（しょうだいやき）の壺を使いました。ここでは小麦粉と水でパスタマッタを作って蓋とし、スチームコンベクションオーブンに入れて作っています。

『Ristorante Miyamoto』宮本健真

材料（4人分）

仔羊（胸と肩）… 約1kg
セロリ … 1本
小玉ねぎ … 数個
完熟トマト … 2個
ローズマリーの小枝 … 1枝
月桂樹の葉 … 2枚
塩・赤唐辛子 … 各適量

作り方

1. 仔羊を丁寧に洗い、水けをきってなるべく同じ形に切る。
2. 大き目の平鍋に並べ、切ったセロリ、小玉ねぎ、皮と種を除いたトマト、紐でしばったローズマリーと月桂樹の葉を加える。
3. 肉の表面を覆うまで水を加える（煮詰まったブロードの中で煮るために、多すぎないように注意する）。塩をし、唐辛子少々を合わせ蓋をして、中火で約1時間半煮る。
4. 仔羊が煮えたら🅐、味を見て適量の塩をし、サービスする。

🅐

La cucina dell'Italia meridionale

INTERPRETAZIONE

緑の大地 〜火山の鼓動〜
再構築Tema 2 3

調理法も味わいも、非常に素朴で力強い伝統料理であるクットゥリッディ。それを現代的な表現をしながらも、伝統料理の滋味深い味わいを損なわないよう、使われる構成要素を分解し、味わいを少し軽くするなどの工夫をしました。熊本を21番目の州と仮定して、熊本を代表する農産物のトマト、玉ねぎ、パプリカなどを使用し、熊本で表現できるイタリアらしい地産地消をテーマに再構築。日本最大の草原である阿蘇をイメージしながら、料理を仕上げました。この料理では羊肉の味わいがメインですので、その魅力を存分に味わっていただくため、肉は仔羊のロースにし、シンプルにロゼに焼き上げます。その上でほうれん草のクランブルをまぶし、阿蘇の外輪山をイメージして作った皿の上に盛り付け、阿蘇に広がる緑の草原を表現しました。野菜類は、生産高日本一の熊本のトマトに、阿蘇の乾燥パプリカなどです。仕上げに野草に火を点け、「阿蘇の野焼き」をイメージしました。

La cucina dell'italia meridionale

『Ristorante Miyamoto』**宮本健真**

材料 (2人分)

骨付き仔羊ロース肉 … 2本分
ローズマリー … 1本
塩・胡椒 … 各適量
オリーブオイル … 適量

ほうれん草のクランブル（下記参照）… 適量

プチトマト（赤・黄）… 各4個
小玉ねぎ … 2個
乾燥ペペローニ … 2本
サルヴィア … 適量

スプラウト … 適量

作り方

1. 仔羊肉は塩、胡椒をし、オイルを熱したフライパンでローズマリーとともに表面に焼き色を付けたら❹、オーブンでじっくり火を通し、ミディアム状態になったら、取り出して休ませておく。

2. トマト、小玉ねぎは半分にカットし、乾燥ペペローニ❺、サルビアとともに手鍋に入れ、低温のオーブンで火を入れる。

3. **2**の肉はほうれん草のクランブルを周りに付けてカットし、器に盛る、**2**の野菜類を添え、スプラウト等を飾る。分量外の阿蘇の草原の野草をのせて火を点け、「阿蘇の野焼き」イメージしてサーブする。

◆ ほうれん草のクランブル

材料（作りやすい分量）

薄力粉 … 40g
アーモンドパウダー … 30g
ほうれん草ピューレ … 35g
グラニュー糖（細粒）… 10g
塩 … 5g
バター（食塩不使用）… 20g

作り方
材料を合わせて、そぼろ状にする。

TRADIZIONALE
Calabria

ブロード・ピエノ たっぷりのブロード
（復活祭の日のミネストラ）
Brodo pieno

鶏のブロードに、卵とパン粉とペコリーノなどを加えて混ぜた、簡単でシンプルなスープです。子供やお年寄り、そして体力の落ちた人向けで、家庭でお母さんが作ってくれることが連想される優しい味わいの料理です。胃にも優しく滋養にいいことから、日本でいうと、玉子酒が近いでしょうか。ストラッチャテッラに似て、材料も作り方もシンプルな料理ですから、よく似た料理はイタリア各地にあり、サフランが入ったりレモンが入ったりと、各地の特色があります。パン粉が加わりますので、少しどろっと濃度が付いています。

『CIELO E MARE』矢口喜章

材料（4人分）

パン粉 … 50g
ペコリーノ（すりおろし） … 50g
イタリアンパセリ（みじん切り）… ひとつかみ
ブロード … 1200㎖
卵 … 4個

作り方

1 ブロードを温める。

2 卵をボールに割り入れ、溶きながらパン粉、粉チーズとイタリアンパセリを加える。もしこの混ぜたものの水分が少なすぎるようならば、常にかき混ぜながら、一度に少量ずつ、ブロード少々を加える❹。

3 ブロードが煮立ったところに、2を全てを注ぎ入れ、2～3分間かき混ぜ、すぐにサービスする。これは非常にデリケートなミネストラで、典型的な春のものである。

Ⓐ

INTERPRETAZIONE

La cucina dell'Italia meridionale

カラブリアの春（ブロード・ピエノ）

再構築Tema3

伝統料理があまりにシンプルなだけに、現代的にするには華やかなイメージを出そうと思い、テーマは春にしました。カラブリアの土地は乾いた山と岩の印象が強いので、春の岩に咲く花をイメージ。澄ませたブロードと、透明感を活かすため卵はポーチドエッグにしました。カラブリアはベルガモットの産地ですので、同じ柑橘類のオレンジも添え、リクィリーツィアものせてカラブリアをイメージしました。

『CIELO E MARE』矢口喜章

材料（4人分）

鶏のブロード（澄んでいるもの）… 200㎖
白トリュフ塩 … 適量
白トリュフオイル … 適量
卵 … 1個
酢 … 少々

黒トリュフ（スライス）… 8枚
赤玉ねぎ … 1個
オレンジ果汁 … 適量
唐辛子オイル … 適量
ラ・カプラ（山羊のハードタイプのチーズ）… 適量
黒イチジクのバルサミココンポート … 2個
エディブルフラワー … 適量
リクィリーツィア（スライス）… 適量

作り方

1. ポーチドエッグを作る。沸騰した湯に酢を注ぎ、菜箸などで混ぜて鍋の中に渦を作り、その中央に卵を割り入れる。卵白が固まったら、引き上げて冷水に取り、冷まして水けをきる。

2. 赤玉ねぎは、くし切り2種類を用意し、それぞれパイ皿にのせ、石窯で軽く火を入れる。取り出して一つにはオレンジ果汁を、もう一つには唐辛子オイルをふってマリネしておく。

3. 鶏のブロードは鍋で温めて白トリュフ塩で味を調え、器に盛って1を入れ、白トリュフオイルをふる。

4. プレートに3をのせ、2、黒トリュフ、ラ・カプラ、黒イチジクのバルサミココンポート、リクィリーツィアを盛る。エディブルフラワーを飾る。

TRADIZIONALE

モルセッドゥ（肉のトルタ）
Morseddu

246

山がちなカラブリアでは、肉といえば豚か羊。その豚の内臓などをトマトソースと唐辛子で煮込み、パン生地で包んで焼いたトルタがモルセッドゥです。唐辛子の産地ならではの辛みをきかせた、ピリッとした刺激的な味わいが内臓肉の濃厚なコクをやわらげます。現在では、鍋で煮た内臓肉を、オーダーごとにカットしたパンに挟んで出す手軽な店も多いようです。ここでは伝統的な作り方に従って、トルタ型で焼きました。材料にはパン生地とありましたが、カラブリアなどの南の地域ではピッツァもよく食べられていますので、ピッツァ生地を使っています。

『CIELO E MARE』矢口喜章

材料(8人分)

パン生地 … 500g
仔牛のレバー … 200g
豚のレバー … 200g
豚の内臓 … 150g
トマトソース … 大さじすりきり1
赤唐辛子 … 適量
ラード … 大さじ1
塩・胡椒 … 各適量

作り方

1 豚の内臓よく洗って刻み、豚と仔牛のレバーはよく洗って血抜きし拍子木切りにしておく。

2 鍋にラードを熱し、1を炒める。

3 肉がきつね色になったら塩、胡椒をし、トマトソースを少量の水で溶かしたものと刻んだ赤唐辛子を加える。混ぜて中火で煮る❹。

4 パン生地は二つに分け、一つはもうひとつの倍の大きさにして、大きい方を円形にのばし、それを使って前もって油をぬった型にしき込む。

5 4に3を入れ❺、もうひとつの円形にのばした生地で覆い、焼いている時に詰め物が出てこないように、両方の生地をよく綴じる❻。

6 170℃のオーブンに5を入れ、約40分間加熱する。取り出してサービスする。

Ⓐ

Ⓑ

Ⓑ

INTERPRETAZIONE

モルセッドゥ カラブリアの海の香り

再構築Tema 3

モルセッドゥを現代料理にするに当たっては、料理の要素を分解して最構成し、カラブリアの海と山をイメージする一品を作りました。ベースのモルセッドゥと、そのベースにイカ墨を加えて黒くしたものの2種類を盛り合わせます。これに、セモリナ粉の入ったバーガーで南をイメージしながら、そこにもモルセッドゥをはさみます。さらにピッツァ生地でモルセッドゥを包んで丸く成形し、油で揚げます。これらに、エビの殻の粉末を付けて揚げたピッツァ生地も盛り合わせました。カラブリアの特産物のベルガモットに見立ててオレンジチップを飾り、彩りを添えました。

『CIELO E MARE』矢口喜章

材料

モルセッドゥ
豚のガツ … 1kg
ハチノス … 1kg
ギアラ … 1kg
豚小腸 … 1kg
センマイ … 1kg
和牛ハツ … 1kg
赤唐辛子 … 適量
にんにく（みじん切り）… スプーン4杯
玉ねぎ（みじん切り）… 2個分
人参（みじん切り）… 3分の2本分
ホールトマト … 2缶
塩・胡椒 … 各適量
ラード … 適量

モルセッドゥの墨煮
モルセッドゥ（上記参照）… 適量
イカ墨 … 適量
レモン汁 … 適量
タカノツメ … 適量
オレンジチップ … 適量

モルセッドゥのパンツェロッティ
ナポリピッツァ生地 … 20g
モルセッドゥ（上記参照）… 15g

エビのグリッシーニ仕立て
甘エビの殻の乾燥パウダー … 適量
ピケ針に巻き付けたピッツァ生地 … 15g

セモリナのパンのバーガー
セモリナ粉の小さい丸パン … 1個
モルセッドゥ（上記参照）… 適量

甘エビの殻の乾燥パウダー … 適量
ピーテンドリル … 適量

作り方

1 モルセッドゥを作る。内臓類は、よく洗って刻んでおく。

2 鍋にラードを熱し、にんにくを炒める。香りが出たら、玉ねぎと人参を加える。

3 野菜がしんなりしたら、1を加えて炒める。肉がきつね色に変わったら、塩、胡椒をし、トマトソース、水適量と赤唐辛子を加え、中火で煮込み、ベースのモルセッドゥとする。

4 モルセッドゥの墨煮を作る。ベースのモルセッドゥ、イカ墨、レモン汁、タカノツメを合わせる。

5 モルセッドゥのパンツェロッティを作る。ピッツァ生地をのばして広げ、モルセッドゥをのせて包み、丸めて油で丸く揚げる。

6 エビのグリッシーニ仕立てを作る。ピッツァ生地をピケ針に巻き付け、甘エビの殻の乾燥パウダーを付けて油で揚げる。

7 ベースのモルセッドゥと、モルセッドゥの墨煮を別々の器に入れ、オレンジチップを添えて皿にのせる。5、6、モルセッドゥを挟んだセモリナ粉のバーガーを添える。甘エビの殻の乾燥パウダーをちらし、ピーテンドリルを飾る。

La cucina dell'italia meridionale

TRADIZIONALE
Sicilia
パレルモ風米となす
Riso e melanzane alla palermitana

なすとトマトと米を使った、イタリア風のドリアのような料理です。南の食材のイメージが強いなすやトマトと、米との組み合わせが伝統的な料理なのは、実はなすに加え米も、アラブ人を通じて南イタリアから入ってきた食材だったためです。米が南から来たとの証拠に、アランチーニのようにシチリア発祥説を代表する米料理もあります。パレルモ風米となすは、味のバランスが取れていて、一皿でお腹一杯になるボリュームもある一般庶民の料理です。リゾットとは異なるほっくりとしたやさしい食感を出すために、やや多めのブロードを注ぎ、オーブンで炊き上げ、仕上げにカチョカヴァッロを合わせるようにします。

『TORATTORIA CHE PACCHIA』岡村光晃

La cucina dell'italia meridionale

材料（4人分）

- なす … 3個
- 玉ねぎ … 2個
- ブロード … 600g
- 米 … 300g
- ソース用トマト … 300g
- バター … 約40g
- オリーブオイル … 大さじ3
- カチョカヴァッロ（すりおろし）… 大さじ2
- イタリアンパセリ … ひとつかみ
- バジリコ … 数枚
- 小麦粉 … 少々
- 塩・胡椒 … 各適量

作り方

1. なすは薄切りにし、ふるいの上に置いて塩をふりかけ、完全にアクが出るまで1〜2時間置いておく。玉ねぎは、丸のまま約10分間茹でて水けをきり、薄切りにする。イタリアンパセリとバジリコの葉数枚を洗い、刻む。トマトの皮をむき、種を除いて、ちぎっておく。
2. 鍋にバターとオリーブオイルを入れて火にかけ、油がとけて煮立ってきたら、**1**の玉ねぎ1個分、**1**のイタリアンパセリとバジリコを合わせる。
3. 炒めてから、トマトを加える。塩、胡椒し、蓋をして弱火で煮る。
4. 耐熱皿に油少々を注ぎ、**2**の残りの玉ねぎを入れて弱火で炒め、米を加えて少々トーストし、その上に沸騰したブロードを注ぐ。
5. 煮立たないように注意しながら混ぜて蓋をし、170℃に熱したオーブンに入れる。15分加熱する。
6. 米がオーブンにある間に、**1**のなすの水けを取り、軽く粉をして、煮立った油で揚げる。
7. **5**をオーブンから取り出し、カチョカヴァッロを合わせるⒶ。
8. 耐熱皿に**6**のなすの油少々をぬり、なすを1層置く。その上に**3**のトマトのソース、さらにその上に**7**の米を1層置く。さらに**3**を注ぎ、残りの米、その汁とともに残りのトマト、そして最後になすを入れるⒷ。
9. カチョカヴァッロをふりかけ、200℃に熱しておいたオーブンに約10分間入れる。でき上がったらすぐにサービスする。風味豊かで非常に美味しい。

Ⓐ

Ⓑ

INTERPRETAZIONE

なすとリゾットのパスティッチョ

再構築Tema 1

一皿完結してしまうパレルモ風米となす。この料理を、リストランテとしてどう表現するかという方向性でアレンジしました。またあわせて、リストランテでグラタン（ドリア）が食べたいとなったときにどうするかもイメージしました。ボリュームや食べ応えの問題からリストランテでは出しにくいグラタンを、どうすれば出せるかと考えました。さらに盛り付けでは、庶民料理として空腹を満たす一品ではなく食感も楽しむ皿、コースの中の一品として、料理の流れの中で出すことを考え、小さいポーションで軽く食べられるようにしました。なすと米のドリアを分け、米はリゾットに炊いてロンバルディアのリゾットサルトのように焼くことで、カリッとした食感にします。とろっとしたなすとの食感の差で、食べる楽しさを表現しました。ポーションを小さくする一方で、味わいを濃厚にするため、チーズはカチョカヴァッロにパルミジャーノも足しています。

『TORATTORIA CHE PACCHIA』岡村光晃

材料（1人分）

なす（輪切り）… 2枚
カチョカヴァッロ（すりおろし）… 3g
パルミジャーノ（すりおろし）… 3g
トマトソース … 適量

リゾット … 10g
　米 … 適量
　オリーブオイル … 適量
　玉ねぎ（みじん切り）… 適量
　ブロード … 適量

バジリコ … 適量

作り方

1. なすは1cm厚さほどにカットし、素揚げして油をきっておく。
2. リゾットを作る。オイルを熱した鍋で玉ねぎを炒め、しんなりしたら米を入れて混ぜ合わせる。オイルが回ったら、ブロードを少量ずつ入れながら炊き上げる。
3. 2のリゾットは冷ましてから分量を取り分け、円形にまとめ、油をしかないテフロン加工のフライパンで色よく焼く❹。
4. 1のなすはトマトソースをのせ、カチョカヴァッロとパルミジャーノをのせてオーブンで焼き色を付ける❺。
5. 焼き上がった4のなす2枚で3のリゾットを挟み、オーブンで再度加熱する。
6. 器に盛り付け、バジリコを飾る。

TRADIZIONALE

新鮮なマグロのブラチョーレ
Braciole di tonno fresco

ブラチョーレとは、南イタリアでよく使われる料理名で、インボルティーニのことを指します。レシピはいろいろで、広げた肉で詰め物を包んだ料理だったり、詰め物には現代では生ハムやチーズを入れることもあるといいます。シチリア名物のブラチョーレは、魚を使った料理。シチリアではカジキマグロやマグロなどの大型魚が揚がりますので、その肉が使われます。現代では日本の影響なのか、南イタリアで生のマグロを食べる所もあると聞くものの、日本のように生食の習慣は一般的ではありませんので、伝統的な料理は新鮮な魚介にも火を通して食べます。このブラチョーレは、油で揚げるという調理法が取られています。

『TORATTORIA CHE PACCHIA』岡村光晃

材料（8人分）

新鮮なマグロ赤身
　　　　… 非常に薄い切り身 8枚
マグロひと塊 … 100g
小型パンの白い部分 … 2個分
イタリアンパセリ（みじん切り）
　　　　…ひとつかみ
卵 … 1個
茹で玉子 … 1個
にんにく（みじん切り）… 1片分
玉ねぎ（みじん切り）… 小1個分
トマトソース（または 生トマト）… 大さじ1
牛乳 … 適量
ペコリーノ（すりおろし）… 少々
オリーブオイル …
塩・胡椒 … 各適量

作り方

1. パンの白い部分は、少量のぬるま湯に浸しておく。
2. 小鍋にオイル少々を入れ、玉ねぎ、トマトソース、牛乳少々を入れる。混ぜてから、牛乳を少しずつ加えながら約10分間煮る。
3. 100gのマグロを細切れにしてボールに取り、イタリアンパセリ、水をよく絞った1のパン、刻んだ茹で玉子、生卵、塩、胡椒とペコリーノひとつかみを入れ、完全に混ざり合うようによくこねる。
4. マグロ赤身8枚を広げ、3を等分にのせて包み込み、タコ糸でよく閉じるⒶ。
5. 熱い油で揚げⒷ、器に盛り、糸を除き、上に2のソースをかける。

Ⓐ

Ⓑ

INTERPRETAZIONE

マグロのブラチョーレ 現代の解釈

再構築Tema 1

256

イタリアの伝統料理を、現代の日本のリストランテで出すには、どうアレンジするか。このテーマでブラチョーレを作ってみました。古い時代のシチリアと現代日本では、魚の鮮度を保つ技術は雲泥の差です。生で食べられる新鮮な魚なのに、わざわざ火を入れてパサパサにする必要はないと感じました。マグロという魚のイメージも、刺身魚の印象が強いので、なおさらです。したがって詰め物をしたマグロの赤身は、生で出すことにしました。詰め物には油で揚げたクルトンも入れ、やわらかな食感の中でカリッとした歯応えをアクセントにし、食べ飽きないようにしています。伝統料理に則り、トマトも組み合わせますが、生のマグロの赤を強調したいので、色素を抜いた透明なジュレとして合わせました。彩りに、イタリアンパセリの粉末とトマトの皮の粉をかけました。

『TORATTORIA CHE PACCHIA』岡村光晃

材料（3人分）

マグロ赤身（スライス）… 50g×3枚
マグロ塊肉（さいの目切り）… 30g×3
イタリアンパセリ（みじん切り）… 適量
茹で玉子（みじん切り）… 1個分
にんにく（みじん切り）… 1/4片分
玉ねぎ（みじん切り）… 5g
クルトン（油で揚げたもの）… 適量
塩・胡椒 … 各適量
オリーブオイル … 適量

イタリアンパセリの粉末 … 適量
トマトの皮の粉 … 適量
トマトの透明なジュレ（トマトをジューサーにかけ、ろ過し、温めて寒天を溶かしたもの）… 5g

作り方

1. 詰め物を作る。ボールにさいの目に切ったマグロ、イタリアンパセリ、茹で玉子、にんにく、玉ねぎとクルトンを入れ、塩、胡椒とオリーブオイルを加えてざっとかき混ぜるⒶ。
2. マグロの赤身を広げ、1をのせて包むⒷ。
3. 皿に盛り付け、トマトのジュレを流し、イタリアンパセリの粉末、トマトの皮の粉をふる。

TRADIZIONALE

パン粉のパスタ
Pasta 《ca muddica》

258

CONTEMPORANEO

「ムッディーカ(muddica)」は、「モッリーカ(mollica。パンくず)」のシチリア訛り。パンくずをパスタにかけた、シチリア料理としてよく知られています。貧しかった時代の農民たちが、チーズの代わりに、余って固くなったパンをオリーブオイルで煎り、ふりかけたのが始まりといわれています。シンプルに具は入らず、味はアンチョビの塩けのみということが多いシンプルな一品です。パスタは、手打ちのマッケローニを使用しました。

『Ristorante P.e C.』小林寛史

La cucina dell'italia meridionale

材料（4人分）

- セモリナ粉の自家製パスタ … 350g
- 硬くなったパンの白い部分 … 60g
- ソース用トマト … 500g
- 塩漬けアンチョビ … 100g
- オリーブオイル … 100g
- イタリアンパセリ … ひとつかみ
- にんにく … 2片
- 塩・胡椒 … 各適量

作り方

1 肉叩きで、乾燥したパンの中身を大きめに砕き、オーブン用の小さな容器に入れる。30gの油を回しかけ、150℃のオーブンで焼き色を付ける。

2 たっぷりの水を入れた鍋を火にかけ、塩を入れて沸騰させ、パスタを茹でる。

3 ソースを作る。トマトは皮をむき種を除いて細かく切る。イタリアンパセリもまた細かく切る。アンチョビを洗い、骨を除いて細かくしておく。

4 鍋に70gのオイルとにんにくを入れて火にかけ、香りを出す。にんにくは色が付いたら取り除く。アンチョビを加えてフォークでつぶし、3のトマトとイタリアンパセリを加え、軽く胡椒をし、汁を弱火で煮込むⒶ。

5 パスタが茹で上がったら水きりし、汁と和えて器に盛り、1のパン粉をふりかけるⒷ。

Ⓐ

Ⓑ

INTERPRETAZIONE
パスタ・カ・ムッディーカ「Yes」 再構築Tema3

ムッディーカはパン粉のこと。敬虔なカトリック教徒の多いシチリアでは、パンはキリストの肉として尊まれ生まれた料理と考え、そこからインスピレーションを広げました。パンとワインはキリストの肉と血。仔羊は「神の仔羊」キリストそのもの。卵はキリストの復活を表す。こうした素材を具とソースに使い、パスタでキリストそのものを表現。花オクラで卵の殻を模して飾りました。復活祭の卵の中に、月桂樹の冠をしたキリストが静かにいるというストーリー性のある一皿に仕上げました。

『Ristorante P.e C.』小林寛史

材料（2人分）

- マッケローニ … 160g
- 仔羊肉 … 160g
- 小麦粉 … 少々
- にんにく … 2片
- 玉ねぎ（みじん切り）… 20g
- パンチェッタ（みじん切り）… 10g
- 赤ワイン … 10ml
- ブロード … 100ml
- アンチョビ … 少々
- 月桂樹の葉 … 2枚
- パスタ・カ・ムッディーカ用のソース（259ページ参照）… 100ml
- バジリコ（みじん切り）… 少々
- イタリアンパセリ（みじん切り）… 少々
- うずらの玉子（茹でたもの）… 4個
- パン粉（オーブンで焼いたもの）… 適量
- オリーブオイル … 適量
- 塩・胡椒 … 各適量
- 花オクラ … 8枚

作り方

1. にんにくをオリーブオイルで熱し、色付いたら取り出し、パンチェッタ、玉ねぎを加えてしんなりするまで炒める。
2. 別鍋にオイルを熱し、塩、胡椒をして小麦粉を付けた仔羊肉を焼き、赤ワインを入れ、ワインごと1に移し、ブロードと月桂樹の葉を加える。
3. 適宜、水を足しながら、仔羊肉がやわらかくなるまで煮込む。
4. パスタ・カ・ムッディーカのソースを加えて煮込み、馴染んだら、仕上げにバジリコ、イタリアンパセリ、アンチョビのみじん切りを合わせたものとうずらの玉子2個を半分にカットして入れる。
5. 塩を入れた湯でマッケローニを茹で、火が通ったら水けをきって4に加え、和える❹。
6. 残ったうずらの玉子をのせ、ソースを流した器に盛り、パン粉をふりかけ❺、花オクラで包む。月桂樹の葉を飾る。

❹

❺

TRADIZIONALE

ファルソマーグロ
Falsmagro (Falsomagro)

料理名は「ニセ（Falso）」「脂肪分の無い（magro）」というユニークなもの。先のパスタ・カ・ムッデイーカとは正反対に、贅沢な一品です。一見、肉を煮ただけの料理のようですが、実は中に挽き肉や卵をはじめ、たくさんの具を巻き込んで作っていて、カットして初めて中に具が詰まった豪華な料理だということが分かります。外見では贅沢な内容を知られないようにしたところに、様々な民族に支配され抑圧されてきたシチリアの知恵が垣間見れる気がします。

『Ristorante P.e C.』小林寛史

材料（6〜8人分）

大きな肉の切り身（仔牛または成牛）… 約600g
挽き肉（仔牛または成牛肉）… 350g
サルシッチャ … 200g
生ハム … 200g
パンチェッタ … 1枚
やわらかいペコリーノ … 100g
卵 … 6個
イタリアンパセリ（みじん切り）… 少々
にんにく（みじん切り）… 少々
パン粉 … 大さじ2
牛乳 … 少々

玉ねぎ（薄切り）… 1個分
赤ワイン … 1/2カップ
エストラット … 大さじ1
トマトソース … 1カップ
ラード（またはオリーブオイル）… 適量
香辛料 … 適量

塩・胡椒 … 各適量

作り方

1 肉は、肉叩きで厚みが5mmになるまでよく叩いてのばす。
2 生ハム、サルシッチャ、パンチェッタを大きめに刻む。
3 2はボールに入れ、挽き肉、おろすか粗めに砕いたペコリーノ、全卵と卵黄各1個、イタリアンパセリとにんにく、塩少々、牛乳（または水）に浸したパン粉、胡椒と香辛料ひとつまみをボールに入れる。よく混ぜ合わせる。
4 残り4個の卵は、茹でてから冷水にとって殻をむいておく。
5 1の肉の上に3の詰め物を広げ、先端の白い部分を切った4の茹で玉子を並べて沈める。
6 肉を巻き込み、タコ糸でよくしばる。
7 鍋にラード（またはオリーブオイル）、玉ねぎを入れて炒める。
8 6のファルソマーグロを入れて全面に焼き色を付け、赤ワインを回しかけ、エストラット、トマトソース、塩、胡椒を加える。
9 煮汁に熱湯を時折加えながら、ゆっくりと訳30分間煮込む。ソースは最後に中くらいの濃さになる。
10 肉の塊がよく煮えたら、そのまま冷ます。タコ糸を慎重に肉から外し、小口からカットして器に盛り付ける❹。それぞれの切り身にソースを流す❺。

INTERPRETAZIONE

ファルソマーグロ「びっ栗」

再構築Tema 13

ファルソマーグロは、貴族料理のような贅沢な雰囲気と、切ると驚きがあること。そして愛称のような料理名が魅力ということからイメージを広げ、前菜料理に仕立てました。私の店は京都と奈良の県境に位置することから、地域の食材を使って秋の前菜に。地元の贅沢な食材として大和鶏を使い、フォアグラを組み合わせ、秋をイメージする栗の形を模した形にして詰め物を作りました。イガ栗は店の庭で見つけた本物をデコレーションし、料理がイガから栗が飛び出してきた様子をイメージ。一品目の料理として、驚きを表現しました。

『Ristorante P.e C.』小林寛史

材料（2人分）

大和肉鶏ムネ肉 … 48g（4個分）
詰め物（下記参照）… 40g
生ハム … 適量（包める量）
網脂 … 適量

詰め物

鶏ムネ肉 … 100g
エリンギ茸 … 20g
舞茸 … 30g
栗 … 10g
オリーブオイル … 5g
パルミジャーノ（すりおろし）… 10g

フォアグラバターソース … 適量
栗のピューレ … 適量

ほおずきトマト … 4個
アマランサス … 適量

作り方

1 詰め物を作る。エリンギ茸と舞茸は適当に切り、オリーブオイルで炒め、冷ましておく。

2 1と鶏ムネ肉の切り分けたものをフードプロセッサーで粗みじんにし、栗とチーズを入れてさらに回し、詰め物とする。

3 大和鶏鶏ムネ肉は、叩いて薄くのばし、2の詰め物10gずつをのせ、栗の形に似せて包み込む。

4 広げた生ハムに3をのせて包み、さらに網脂で包む。

5 200℃のオーブンで約3分火を通す❶。

6 皿に栗のピューレをしき❷、5を盛り付け、フォアグラバターソースをかける❸。ほおずきトマトとアマランサスを添える。分量外のイガ付きの栗を飾る。

❶

❷

❸

TRADIZIONALE
Sardegna
クリンジョーニズまたはクルルゾーネズ
（野菜のラヴィオリ）
Culingionis o Culurzonez

サルデーニャ島の山間部、古都・ヌーオロ地区の郷土料理で、麦の穂をイメージしたユニークなラヴィオリです。サルデーニャは歴史的にさまざまな外部民族の支配を受けて来たということから、地域によって文化が複雑です。このためもあってか、クリンジョーニズはサルデーニャを代表する料理として紹介されることは多いものの、同じ島内でも南部の地域では四角いラヴィオリとなります。イタリアから持ち帰った料理本や資料からさまざまなクリンジョーニズを調べ、稲穂型に綺麗に成形された姿に魅了されてそれを再現したいと思い、包み方を何度も練習しました。詰め物をのせた生地を親指と人差し指の間にのせ、最初に向こう側の生地を手前に折ったら、左右から折り畳むようにして稲穂型にします。餃子の生地で練習を重ね100個くらいでコツを覚え、なんとか稲穂型に再現できました。

『RISTORANTE ALVERO』木村忠敬

材料（4人分）

パスタ生地
セモリナ粉 … 400g
卵 … 4個
塩 … 5g

詰め物
ペコリーノ（熟成の浅いもの）… 約500g
ビエトラ（またはほうれん草）… 300g
卵 … 3個
バター … 30g
小麦粉 … 大さじ1
サフラン … ひとつまみ
ナツメグ … ひとつまみ
塩・胡椒 … 各適量

トマトソース … 適量
ペコリーノ（すりおろし）… 適量

作り方

1 セモリナ粉と卵で生地の準備をする。もし固すぎるようならば水を少々加える。生地は丸めて、布巾に包んで寝かせておく。

2 ラヴィオリの詰め物を作る。ビエトラを洗った時についた水だけで茹でる。塩をする。茹で上がったら火からおろしよく絞り、みじん切りにする。

3 ペコリーノチーズをおろしてボールに入れ、**2**のビエトラ、卵、小麦粉を入れる。塩、胡椒をし、ナツメグとサフランで風味を付ける。

4 **1**の生地をのばし、直径8cmほどの円形にカットし、**3**の詰め物を包んで稲穂型のラヴィオリにする**A**。

5 塩をしたたっぷりの湯で茹でる。茹で上がったら丁寧に取り出し、耐熱皿にとって、トマトソースとペコリーノで和える。

A

INTERPRETAZIONE

赤いクリンジョーニズ

再構築Tema 1

268

イタリアのさまざまなクリンジョーニズを見ているうちに、リストランテで出す料理として、より美味しく鮮やかな色をつけたい衝動がわきました。伝統料理がトマトソースの赤だけですので、現代的に仕上げるにはより鮮やかな赤ということで、ビーツのピューレを使って赤い生地にしています。それに加えて詰め物にもアレンジを加えました。伝統料理ではペコリーノの塩けの強い詰め物なのに対し、現代的に潰したじゃが芋とモッツァレラを詰め物に加えることで、ふわっとした中にモッツァレラの歯触りを足し、食感のアクセントに。そして1個当たりのボリュームも抑えてあります。ソースにはビーツと生クリームを加えることで、色彩的にはより華やかでインパクトのある印象に、そして味覚的にはコクのある味わいに仕上げています。添えてある野菜はビーツとサルヴィアの花です。

『RISTORANTE ALVERO』**木村忠敬**

材料（4人分）

パスタ生地
セモリナ粉 … 125g
オリーブオイル … 7.5g
ビーツのピューレ … 60g
パスタの茹で汁 … 10㎖

詰め物
じゃが芋（塩茹でにして潰したもの）… 120g
モッツァレラ（小角切り）… 60g
ビエトラ（みじん切り）… 60g
ペコリーノ（すりおろし）… 30g
ナツメグ … 少々
塩・胡椒 … 各少々
サフラン … 少々

ソース
トマトソース … 30㎖
ブロードオーロ（273ページ参照）… 30㎖
ビーツのピューレ … 30㎖
生クリーム … 30㎖

ビーツ、サルヴィアの花 … 各適量

作り方

1 パスタを作る。ボールに生地の材料を全て入れて混ぜ合わせ、ひと塊にしたら40分くらい休ませ、16等分に分け、それぞれを3mm厚さの円形にする。

2 詰め物を作る。全ての材料を混ぜ合わせ、16等分に分ける。

3 1の生地に2をのせ、稲穂型に成形する（267ページ下の手順写真参照）。

4 沸騰した湯に塩を入れ、3を茹でる❹。

5 鍋でソースの材料を温め❺、皿に流す。4が茹で上がったら水けをきって盛り付ける。ビーツ、サルヴィアの花を飾る。

❹

❺

TRADIZIONALE

ブッリーダ
Burrida

海の幸が好きな日本でも、一般には馴染みのないサメ肉の料理は、ヨーロッパでは意外に多く見られます。イタリアでは、サルデーニャ州南部のカリアリの郷土料理が名物。サメ肉を、酸味をきかせて味わう料理です。伝統料理の再現に当たっては、手軽に入手できる食材ではありませんので、いろいろ探した結果、宮城・気仙沼から加熱調理用のサメ肉と生食用の心臓が入手できるとつきとめ、取り寄せて、なんとかレシピ通りに再現しました。サメ肉は、鮮度が落ちるとアンモニアの刺激臭が強烈になるといいますが、新鮮な身を調理した料理に臭みはほとんど感じず、やや濃厚な青魚のような味わいがします。伝統料理でも、サメは掃除してすぐに調理するという内容ですので、鮮度の高いものが前提となっているようです。

『RISTORANTE ALVERO』木村忠敬

材料（4人分）

ホシザメの身 … 500g
ホシザメのレバー（または心臓）… 300g

くるみ … 8〜9個
にんにく（みじん切り）… 2〜3片分
イタリアンパセリ（みじん切り）… ひとつまみ
白ワインビネガー … 適量
オリーブオイル … 適量
塩 … 適量

作り方

1 丁寧にレバーを外しながら、ホシザメを掃除する。洗ってブツ切りにし、塩をした冷水から茹でる。サメが煮えたら、切り身を丁寧に皿の上に並べ、冷ましておくⒶ。

2 ソースを作る。くるみを殻から取り出し、乳鉢に入れる。1で外したレバーを合わせて、クリーム状になるまで擂る。

3 鍋にオイル1杯を入れ、にんにくとイタリアンパセリを炒め、2を加え温める。

4 3は、上質な白ワインビネガーを加えてのばす。短時間火を通した後、完全に乾いたように見える魚の上に注ぐⒷ。サービスする前に少なくとも半日間寝かせておく。

Ⓐ

Ⓑ

INTERPRETAZIONE

サメ肉の稲藁瞬間スモーク
リモンチェッロとブロードのジュレ
セロリとじゃが芋のムース
マジョラムの薫り

再構築Tema 1 3

サメを食べる文化は、日本では一般に馴染みがないといいましたが、実は広島県北部地域（三次市・庄原市など）には、サメの料理（「ワニ料理」といいます）があります。海から遠く離れたこの地域では、交通機関の発達していなかった昔、刺身として、アンモニア臭はあっても日持ちのするサメを使い、生姜をきかせた醤油で生で食べる習慣が生まれたそうです。同じサメを使っても、その特性を抑えるサルデーニャの料理に対して、サメの特性を受け入れた我が国の食習慣をヒントに、広島を21番目の州として現代料理を考えました。サメ肉は生食用の切り身を使い、稲藁焼きにして燻製香を付け、サメの臭いを消します。セロリとじゃが芋のムース、リモンチェッロとブロードで作る酸味のあるジュレも合わせ、レストラン料理として華やかに再構築しました。

『RISTORANTE ALVERO』木村忠敬

La cucina dell'italia meridionale

材料（4人分）

サメ肉（刺身用）… 200g

ジュレ
リモンチェッロ … 40g
シロップ … 30g
ブロードオーロ（下記参照）… 30g
ゼラチン … 10g
水 … 50g

ムース
オリーブオイル … 10㎖
じゃが芋（メークイン）… 80g
玉ねぎ … 20g
セロリの葉 … 20g
生クリーム … 10㎖
ブロードオーロ（下参照）… 15㎖
牛乳 … 20㎖
塩・胡椒 … 各2g

ベビーリーフ、マジョラム、飾り野菜 … 各適量

作り方

1. ジュレを作る。材料全てを小鍋に入れて中火にかける。ゼラチンが溶けたら火を止め、水に当てて冷まし、平らなバットに流し入れ、冷蔵庫で冷やし固める。
2. ムースを作る。オリーブオイル、じゃが芋、玉ねぎとセロリの葉をフライパンに入れて炒め、火が通ったら生クリーム、ブロードオーロ、牛乳と塩、胡椒を入れてミキサーにかける。
3. フライパンに稲藁を入れ、網をのせ、火を点けてサメ肉を炙り焼きにする Ⓐ。
4. 2を皿にのせ、3を盛り付け、カットした1をのせる。ベビーリーフやハーブ、飾り野菜を飾る。

Ⓐ

◆ブロードオーロ

材料（2000㎖分）
水 … 2000㎖
昆布 … 2g
カツオ・マグロ・アゴ等混合削り節 … 50g
イタリア産天日塩 … 15g

作り方
1. 水と昆布を火にかけ、沸騰直前で火を止め、12分ほど置いたら昆布を取り出して再加熱する。
2. 再度沸騰したら混合節を入れ、煮立たせ、火を止めて1の昆布を戻し12分休ませる。
3. 昆布と削り節を除き、3回ほど漉して火にかける。沸騰直前で塩を加え、溶けたら火を止める。

TRADIZIONALE
フレーグラ
Fregula

硬質小麦で作る、直径5mmほどの非常に硬い粒状パスタです。底の平たい鍋に粉を入れ、水を垂らして粉に吸わせながら、手の平でこするようにして作り、それを網でふるってオーブンでローストします。手間がかかり、手作りするにはコツが必要ですので、現在では市販品も売られています。使う時は、茹でてからソースなどとからめます。小粒でも締まっていて硬いので、茹で時間は少々かかります。このパスタで有名なのは、貝類を含む魚介と合わせたトマトソースの料理。ただしそれは、近年、ようやく紹介されるようになった海岸線の町の料理で、未だに地元の人にしか知られていない場所が多い内陸地では、この料理のように魚介どころか具も入らない素朴なフレーグラがあるようです。茹でたフレーグラを土鍋に入れてオーブンで蒸し焼きにするこの料理、作る前はパサパサになるのではないかと心配していましたが、実際に作ってみたところ、意外に美味しく、どこか懐かしささえ感じられる味わいで、魅力の深さと今後の可能性を感じました。

『Ristorante Ogawa』小川洋行

材料 (6人分)

粗めのセモリナ粉 … 500g
ペコリーノ(すりおろし)… 100g
ラード … 50g
玉ねぎ(みじん切り)… 1個分
イタリアンパセリ(みじん切り)
　　　　　　　　… ひとつかみ
塩 … 適量

作り方

1. 底が大きい素焼の容器にセモリナ粉を入れ、手でかき回しながらゆっくりと水を落とし、フレーグラと呼ばれる粒を作るⒶ。
2. フレーグラになったら籠に広げて乾かし、オーブンに入れるⒷ。
3. 塩をした水（またはブロード）を入れた鍋を火にかけ、沸騰したら**2**のフレーグラを入れる。
4. ラードと、玉ねぎ、イタリアンパセリでソフリットを作る。
5. フレーグラに火が通ったら少しずつ取り出し、素焼の鍋に薄く一層、**4**のソッフリット少々とペコリーノをかける。これを繰り返し、最後の層をフレーグラにするⒸ。
6. 蓋をして密閉状態にして暖炉の中に入れ、周りと蓋の上に薪を置く。必要ならば薪を加え、全体に均一に熱が行くように鍋を動かす。上部きつね色になったら火が通ったことになる。薪が無ければオーブンに入れても良い。

Ⓐ

Ⓑ

Ⓒ

INTERPRETAZIONE

笹の葉で包んだムール貝のフレーグラ

再構築Tema 3

蒸して作るフレーグラの料理を、私なりにアレンジするにあたって考えたのは、サルデーニャの風景でした。サルデーニャ西部の町・カブラス。そこには、非常に大きな沼沢地のスターニョ・ディ・カブラスがあり、ボラの卵巣で作るボッタルガが名物です。そのボラ漁は、葦で作った三角の小舟で行われます。その小舟を初めて見たとき、形がムール貝のようでもあり、日本のちまきのようでもあると感じました。そこでムール貝を使い、その小舟を連想させる、ちまきの形にしようと思いました。まずムール貝をワイン蒸しにしてその煮汁を取っておき、それでフレーグラを茹でることで、フレーグラにムール貝のうま味を含ませます。そしてムール貝の身とともに貝殻にフレーグラを詰め、笹の葉で巻いて蒸しました。ちまきの調理法も蒸して作りますし、蒸すことによって笹の香りも付きます。サルデーニャの料理・フレーグラが日本のちまきの形で出されるという意外性も楽しめる一品です。

『Ristorante Ogawa』小川洋行

材料（5個分）

フレーグラ（275ページ参照）… 50g

ムール貝 … 大5個
白ワイン … 適量
にんにく … 適量
ミニトマト … 5個
イタリアンパセリ（みじん切り）… 適量
E.X.V.オリーブオイル … 適量
笹の葉 … 適量
塩 … 適量

作り方

1 鍋ににんにくとオリーブオイルを入れて火にかけ、香りを出したら、ムール貝を入れ、白ワインを加えて蓋をする。

2 貝の口が開いたら取り出す。身の付いていない殻は捨てる。煮汁は取っておく。

3 2の煮汁を別鍋に漉し入れ、カットしたミニトマト、イタリアンパセリ、E.X.V.オリーブオイル、塩ひとつまみを入れ、沸騰させたら、フレーグラを入れる。

4 フレーグラに貝のうま味を含ませたら、取り出して2の身の付いたムール貝に詰める❶。

5 笹の葉でくるみ❷、蒸して温めたら、器に盛る。

TRADIZIONALE

インパナーダスまたはパナーダ
Impanadas (Panada)

278

インパナーダスは、サルデーニャ北部の町・オスキリが発祥だそうです。サルデーニャ風ミートパイとも紹介されていて、伝統的なものを現地で食べたことがありますが、ぽそぽそした生地と肉々しい詰め物という印象です。日本人の舌にはスープがないと流し込めない食感で、一つ食べるとお腹一杯になる食べ物です。オーブンで焼き切りますので日持ちする代りに、生地は固く仕上がります。このため、大きく作ったものは生地上部を切り取り、中の肉だけを食べる人もいるそうです。このレシピのように古典的な料理では羊肉と豚肉を合わせますが、現在では牛と豚の合挽き肉に野菜が入っていて、食べやすいものが売られています。

『Ristorante Ogawa』小川洋行

材料 (8人分)

仔羊肉（小さい塊に切ったもの）… 800g
豚肉（小さい塊に切ったもの）… 300g
イタリアンパセリ … ひとつかみ
にんにく（みじん切り）… 適量
乾燥トマト（みじん切り）… 2枚分
オリーブオイル（もしくはラード）… 適量
サフランの粉 … ひとつまみ
塩・胡椒 … 各適量

パスタ生地
セモリナ粉 … 500g
塩 … 適量

作り方

1 ボールに仔羊肉と豚肉を入れて、塩、胡椒する。

2 別容器でイタリアンパセリひとつかみ、にんにく、乾燥トマト、サフランを加え、よく混ぜ合わせ、1の肉と合わせ、丁寧に混ぜ合わせる。

3 容器に蓋をして、1日間冷蔵庫で寝かせる❹。火を通す場合は：肉を油（またはラード）で炒め、上記のすべての材料を加える。

4 翌日、セモリナ粉と水、塩で生地を作る。生地が固い場合は、オリーブオイル大さじ3（またはラード）を加え、さらに数分間こねる。

5 生地をのばし、16枚の円形に抜き、油をぬったタンバル型に敷き詰める。

6 **5に3を入れ❺、残りの生地をのばしたもので蓋をする。端の2枚の生地を完全につけ❻、180℃に熱したオーブンで約50分間焼き上げる**

INTERPRETAZIONE

パイで包んだ仔羊 フォアグラ トリュフのインパナーダス仕立て カンノナウとミルトのソース

再構築Tema 1

サルデーニャの郷土料理のインパナーダスを、リストランテの料理としてアレンジしました。硬くて素朴な味わいのこの料理は、私の印象では日本人には食べにくいと感じました。そこで食べやすい食感に変え、味わいにも複雑さを出して、味覚的に満足感の高い料理にしました。まず生地は、伝統料理のものはシンプルで日本人には硬すぎると思いますので、食感が良く風味も豊かなパイ生地を使いました。詰め物には伝統料理と同様に仔羊肉を使いますが、それで肉団子を作るのではなく、フォアグラを中央に包む皮にしました。そしてその上にトリュフをのせます。これをパイ生地で覆ってオーブンで焼きます。バターやフォアグラのコクとうま味、それにトリュフの香りで、リッチな料理に仕上げました。さらに、サルデーニャのブドウ・カンノナウと、同州のリキュール・ミルトと、ビネガーを合わせた酸味のあるソースを流し、味わいに奥行きも出しました。

『Ristorante Ogawa』小川洋行

La cucina dell'italia meridionale

材料（3個分）

詰め物
仔羊モモ挽き肉 … 100g
パルミジャーノ（すりおろし）… 適量
タイム … 適量
ローズマリー … 適量
生クリーム … 少々
卵白 … 少々
塩・胡椒 … 各適量
フォアグラ … 30g×3
トリュフ（スライス）… 適量

パイ生地 … 10cm四方×6枚

カンノナウ … 適量
ミルト … 適量
バター … 適量
シェリービネガー … 適量

いちじくのコンポート … 適量
ピーテンドリル … 適量

作り方

1 仔羊モモ肉はボールに入れ、パルミジャーノ、タイム、ローズマリー、生クリーム、卵白を加えてよく混ぜ、塩、胡椒で味を調える。

2 **1**はピンポン玉ほどの大きさに分けたら、平たくのばし、フォアグラをのせて包み、上にトリュフをのせる❹。

3 パイ生地2枚で挟んで丸型で抜き、縁をしっかり綴じたら❺、オーブンで焼き上げる。

4 ソースを作る。カンノナウ、ミルト、シェリービネガーを小鍋に入れて煮詰め、バターでつなぐ。

5 器に**3**を盛り付け、**4**のソースを流す。いちじくのコンポートとピーテンドリルを添える。

酪農王国北海道根釧地区の生乳を使用。大自然の風味が活きています。

BUONO

北海道リコッタ
本場イタリアの汲み出し
リコッタをイメージ

北海道モッツァレラ
ほのかな塩味とほど良い食感
コクのある風味

北海道チェリーモッツァレラ

北海道マスカルポーネ
なめらかさとコクがあり
他の素材と合わせやすい

北海道クリームチーズ
やさしい乳味感と
まろやかな塩味

タカナシ販売株式会社
企画センター
〒240-0005横浜市保土ケ谷区神戸町134横浜ビジネスパークイーストタワー13F
TEL.045-338-1947(代表)　http://www.takanashi-milk.com

ずっと、ディ・チェコ。
もっと、ディ・チェコ。

食感も香りも味わいも、日本人の味覚に、おいしい。
それは、伝統と進化から生まれる、語りたくなるパスタです。

1886年の創業以来、130年以上。ディ・チェコのパスタづくりは、デュラム小麦の選定から始まります。職人たちが、それを絶妙な配合でブレンドし、いくつもの工程を重ねて極上のデュラムセモリナに製粉。冷たい水で練り上げられた生地は、手間のかかるブロンズ製ダイス（押し型）を使って成型することで、パスタの表面に独特のザラザラ感を生み出します。そして乾燥も、じっくりと時間をかけるのがディ・チェコ流。小麦本来の豊かな香りと味わいのために、私たちは頑なに、こだわっています。しかし、それは、昔ながらの伝統に甘えることとは違います。ディ・チェコは止まることなく、常に挑戦と進化を続けていきます。
ずっと、ディ・チェコであること。もっと、ディ・チェコになること。これからも、故郷イタリアで、ここ日本で、そして世界中のお店で、トップシェフたちから信頼され、選ばれる高品質でありつづけるために。

日清フーズ株式会社
業務用営業部〒103-8544東京都中央区日本橋小網町19番12号　TEL.03-5641-8115
http://www.nisshin-foods.co.jp/gyoumuyou/

はずむような弾力と長く続くアルデンテ

フェラーラ

問い合せ先　日本製粉株式会社　加工食品部　TEL.03-3511-5345

近代食堂
MENU AND MANAGEMENT FOR THE PROFESSIONAL

定価：本体1380円+税

毎月22日発売

外食業界に携わる人のための専門誌！

外食業界に携わる人のための総合専門誌。
メニュー開発、販促、人材育成、接客サービスなど、
飲食経営に重要なテーマを毎月特集する他、
最新の繁盛店情報、人気店のメニューレシピなど、
繁盛店づくりの役立つ情報を毎月お届けします。

● **月刊誌の定期購読のご案内**　お求めの方はお近くの書店へお申し込みください。
● **インターネットでご注文**をご希望の場合は**株式会社富士山マガジンサービス（Fujisan.co.jp）**へ
　お電話は フリーダイヤル **0120-223-223**／24時間365日対応

お申し込みはお早めに！

旭屋出版　〒107-0052　東京都港区赤坂1-7-19　キャピタル赤坂ビル8階
☎03-3560-9065(代)　振替／00150-1-19572　http://www.asahiya-jp.com

浸透圧 脱水シート ピチット®

素材の身をしめる

半解凍でサク取りし、約2時間

解凍後、水切りし約1時間半

水っぽさをとる

シートにはさんで1時間

生臭みをとる　旨みを濃縮　塩を使わず水を抜く

プロのための調理器具

レッドキーパー® 吸水＆保湿シート

食材の鮮度・赤身保持

食材の解凍〈魚／肉編〉

高級きのこ・葉物野菜の保存

ドリップの切れがいい　しっとり保湿　色目を保持

ピチットオフィシャルサイト
http://www.pichit.info/

 オカモト株式会社
URL：https://www.okamoto-inc.jp
食品衛生用品部　ピチット製品課

ピチットサービスセンター　☎ 0120-128-588

toho Food Service

外食ビジネスをトータルにサポートする

食のプロにお応えするこだわりの業務用食品の販売から、食のトレンドにあわせたメニュー提案、新商品情報の提供、業務効率化につながるシステムの提案まで、トーホーフードサービスは、外食ビジネスをトータルにサポート。
お客様の繁盛店作りを応援いたします。

総合展示商談会(EAST BEEブース)

総合展示商談会(toho coffeeブース)

toho Food Service
株式会社 **トーホーフードサービス**
〒658-0033 神戸市東灘区向洋町西5丁目9番
TEL 078-845-2501
ホームページ https://www.to-ho.co.jp

旭屋出版 イタリア料理関連図書

『「生ハム」「サラミ」大全』
B5変形判・144ページ
定価：3000円+税

『人気タヴェルナが教える　ワインに合う旨いおつまみ』
『タヴェルナ・アイ』オーナーシェフ今井　寿著
B5変形判・160ページ　定価：2500円+税

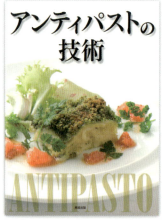

『アンティパストの技術』
B5変形判・232ページ
定価：3500円+税

『パスタ大全』
B5変形版・232ページ
定価：2800円+税

『本格イタリア料理の技術』
B5判変形判・212ページ
定価：3000円+税

『現代解釈のイタリア料理』
『ピアット・スズキ』オーナーシェフ鈴木弥平著
B5変形判・212ページ　定価：3800円+税

お求めは、お近くの書店
または下記窓口、旭屋出版WEBサイトへ。

『ピッツァ窯料理の調理技術』
B5変形判・223ページ
定価：3500円+税

『生パスタの技術』
A4変形判・172ページ
定価：2500円+税

『イタリア　肉料理の技術』
B5変形判・208ページ
定価：3500円+税

『イタリア郷土料理　調理技術教本』
『タヴェルナ・アイ』オーナーシェフ今井　寿著
A4変形判・152ページ　　定価：2500円+税

『イタリア魚介料理』
B5変形判・224ページ
定価：3500円+税

『真のナポリピッツァ技術教本　改訂版』
A4変形判・148ページ
定価：2500円+税

旭屋出版
〒107-0052　東京都港区赤坂1-7-19キャピタル赤坂ビル8階
販売部（直通）Tel.03-3560-9065　http://www.asahiya-jp.com

一般社団法人 日本イタリア料理協会

1988年4月設立。 イタリア料理のシェフを中心に、イタリア料理の普及・発展、イタリア文化の紹介、調理技術・知識向上を目的に活動を行う。 シェフ会員・通常会員を合わせて300名弱、賛助会員は100社を超える(2018年3月28日現在)。

［事務局］
東京都渋谷区渋谷2-4-7 YK青山ビル2階(㈱メディアフレックス内)
TEL. 03-6427-6883　FAX. 03-3407-4991　URL http://www.a-c-c-i.com

イタリア 現代料理の構築
伝統料理から学び提案する、イタリア現代料理の新提案。

発行日　平成31年1月23日　初版発行

著　者　一般社団法人 日本イタリア料理協会 （いっぱんしゃだんほうじん にほんいたりありょうりきょうかい）
発行者　早嶋　茂
制作者　永瀬　正人
発行所　株式会社旭屋出版
　　　　〒107-0052
　　　　東京都港区赤坂1-7-19　キャピタル赤坂ビル8階
　　　　郵便振替　00150-1-19572
　　　　　　販売部　TEL. 03(3560)9065
　　　　　　　　　　FAX. 03(3560)9071
　　　　　　編集部　TEL. 03(3560)9066
　　　　　　　　　　FAX. 03(3560)9073

旭屋出版ホームページ　http://www.asahiya-jp.com

印刷・製本　株式会社シナノ パブリッシング プレス

※許可なく転載、複写ならびにweb上での使用を禁じます。
※落丁、乱丁本はお取替えします。
※定価はカバーにあります。

©Ippansyadanhouzin Nihon Itariaryouri Kyoukai/Asahiya Shuppan,2019
ISBN978-4-7511-1362-2 C2077
Printed in Japan